Bauwelt Fundamente 124

Herausgegeben von
Ulrich Conrads und Peter Neitzke

Beirat:
Gerd Albers
Hildegard Barz-Malfatti
Elisabeth Blum
Werner Durth
Eduard Führ
Werner Sewing
Thomas Sieverts
Jörn Walter

Gerd de Bruyn

Fisch und Frosch
oder
Die Selbstkritik der Moderne
Ein architekturtheoretischer Essay

Bertelsmann Fachzeitschriften Birkhäuser – Verlag für Architektur
Gütersloh · Berlin   Basel · Boston · Berlin

Verlag und Autor danken der Firma Alinea AG, Basel, für die großzügige Unterstützung dieser Publikation.

Umschlagvorderseite: Peter Eisenman, Romeo und Julia, Verona, axonometrische Studie (1985), aus: Pippo Ciorra, Peter Eisenman. Bauten und Projekte (1995)
Umschlagrückseite: Steven Holl, Housing Villas in 3 Typen (1993)

Deutsche Bibliothek Cataloging-in-Publication Data

Bruyn, Gerd de:
Fisch und Frosch oder die Selbstkritik der Moderne : ein architekturtheoretischer Essay / Gerd de Bruyn. - Gütersloh ; Berlin : Bertelsmann Fachzeitschr.; Basel ; Boston ; Berlin : Birkhäuser, 2001
 (Bauwelt-Fundamente ; 124)
 ISBN 3-7643-6497-1

Dieses Werk ist urheberrechtlich geschützt. Die dadurch begründeten Rechte, insbesondere die der Übersetzung, des Nachdrucks, des Vortrags, der Entnahme von Abbildungen und Tabellen, der Funksendung, der Mikroverfilmung oder der Vervielfältigung auf anderen Wegen und der Speicherung in Datenverarbeitungsanlagen, bleiben, auch bei nur auszugsweiser Verwertung, vorbehalten. Eine Vervielfältigung dieses Werkes oder von Teilen dieses Werkes ist auch im Einzelfall nur in den Grenzen der gesetzlichen Bestimmungen des Urheberrechtsgesetzes in der jeweils geltenden Fassung zulässig. Sie ist grundsätzlich vergütungspflichtig. Zuwiderhandlungen unterliegen den Strafbestimmungen des Urheberrechts.

Der Vertrieb über den Buchhandel erfolgt ausschließlich über den Birkhäuser Verlag.

© 2001 Birkhäuser – Verlag für Architektur, Postfach 133, CH-4010 Basel, Schweiz
und
Bertelsmann Fachzeitschriften GmbH, Gütersloh, Berlin

Bertelsmann
Fachzeitschriften

Eine Kooperation im Rahmen der Fachverlagsgruppe BertelsmannSpringer

Gedruckt auf säurefreiem Papier, hergestellt aus chlorfrei gebleichtem Zellstoff. TCF ∞

Printed in Switzerland
ISBN 3-7643-6497-1

9 8 7 6 5 4 3 2 1   http://www.birkhauser.ch

Inhalt

Vorwort 7

Barrières, Barrikaden, Wolkenbügel (Einleitung) 13

Das romantische Erbe 37

Die Verzeitlichung der Architektur 50

Fisch und Frosch 62

Romeo und Julia (1) 88

Romeo und Julia (2) 107

Selbstkritik statt Revision 137

Gute und schlechte Absichten (Exkurs) 141

Literatur 161

Bildnachweis 165

Essai sur l'architecture nannte Marc-Antoine Laugier sein 1753 publiziertes Buch über die Prinzipien vollkommener Baukunst, denn er beabsichtigte nicht, den in der Nachfolge Vitruvs stehenden Architekturtraktaten, die über sämtliche Aspekte des Bauens unterrichteten, ein weiteres voluminöses Handbuch zur Seite zu stellen. Hierzu wäre er als Architekturlaie auch gar nicht in der Lage gewesen. Mit der Bemerkung, für Architekten sei nicht wichtig, wie sie *arbeiten*, sondern wie sie *denken*, begründete Laugier den intellektuellen Charakter seiner Schrift, die beim Leser Spannung erzeugen sollte und sich wenig darum scherte, was man damals unter der Wissenschaft vom Bauen verstand.

Ähnliches gilt für das vorliegende Buch, das über das Denken einiger bedeutender Architekten der Moderne Auskunft geben möchte und dabei nicht immer streng nach den Regeln der Wissenschaft verfährt, damit die wichtigste Funktion der Theorie, eine Quelle architektonischer Inspiration zu sein, nicht verlorengeht. Aus diesem Grund spreche auch ich von einem Essay. An seinem Zustandekommen haben die Studenten, die ich in den letzten vier Jahren an der Kunsthochschule Berlin-Weißensee unterrichtete, großen Anteil. Sie sorgten für das undogmatische Klima, das die deutsche Architekturtheorie so bitter nötig hat, um dem Bann einer bloß räsonierenden und historisierenden Tätigkeit zu entrinnen.

Vorwort

1

Vorzeitig wurde das 20. Jahrhundert in der Nacht zum 1. Januar 2000 im Pulverdampf der Silvesterraketen verabschiedet. Berauscht vom Lärm und Farbenrausch sinnlos-lustvoller Knallerei, huldigte ein Zeitalter, das sich postmodern dünkt, gehorsam dem Gebot der Rastlosigkeit, womit es die Moderne etikettierte. Längst schien den Menschen ihr Jahrhundert auf der Flucht aus einer beschämenden Vergangenheit zu lang geraten. Mit ihm wollten sie böse Erinnerungen und schuldhafte Verstrickungen abstreifen. Doch Vergeßlichkeit macht süchtig nach Neuem und beschleunigt das Dasein immer heftiger. Permanenter Entwicklungswahn stagniert zu guter Letzt in konservierter Jugendlichkeit. Ihr folgt verhaßtes Altern und plötzlicher Tod.

Geschwindes Ende und rasanter Neuanfang – die Insignien der Moderne – sind die Fallstricke der Architektur, sofern man deren Begriff mit Tradition, Sicherheit, Festigkeit, Standhaftigkeit und Dauerhaftigkeit verbindet und vor Bauwerken in Bewunderung versinken möchte, die Jahrtausende überdauerten. Seitdem dies alles in Fluß und in Auflösung geraten ist, befindet sich die Architektur in permanenter Irritation. Ihre antiquierte Konstitution, die auf Beständigkeit und Verläßlichkeit aus war, hat sich längst in den Reiz rascher Verwandlungen verkehrt. Indes provoziert der Zwang ständiger Erneuerung auch eine Beharrlichkeit der modernen Formen, Intentionen und Motive. In der Gesamtschau des 20. Jahrhunderts rücken plötzlich Bauten von Hugo Häring und Frank O. Gehry oder von Le Corbusier und Rem Koolhaas erstaunlich dicht zusammen. In solcher Nähe brechen alte Hoffnungen und Ängste auf, die der ständige Modernisierungsprozeß im Menschen erzeugt.

Am Ende des 20. Jahrhunderts steckt die Architektur in einer tiefen Krise. Nicht das erste und sicher nicht das letzte Mal. Ob sie hieraus gestärkt oder geschwächt hervorgehen wird, läßt sich noch nicht absehen. Gewiß ist nur, daß wir den allmählichen Verfall des Selbstverständnisses einer Disziplin erleben, in der sich über die Zeiten hinweg ein permanent wachsendes Auf-

gabenfeld überaus kreativ mit dem Anspruch auf universelle Bildung und mit ehrgeizigen künstlerischen Ambitionen verbinden ließ. Seit Vitruv glorifizieren sich Architekten als genialische Dilettanten. Hieran hat auch die Moderne nichts, haben kein Weltkrieg und keine Weltwirtschaftskrise etwas ändern können. Um so größer die Katastrophen des Jahrhunderts, desto triumphaler bildete sich am Horizont die Rettungsgestalt des Architekten ab. Damit aber scheint es jetzt vorbei zu sein.
Um die Architektur müßte längst ein radikaler Kulturkampf entbrannt sein, doch warten wir vergebens. Die Berufsverbände und Kammern halten sich zurück, und auch an den Hochschulen, an der Ausbildungsfront, tut sich vorerst wenig. Alles rennet, rettet, flüchtet vor den Zumutungen der Globalisierung. Schiffbrüchigen gleich klammern sich die meisten an den technologischen Fortschritt und an Möglichkeiten der Spezialisierung, die insbesondere Berufsanfängern von den großen Büros abverlangt werden. Jeder hofft für sich, irgendwo noch einen Unterschlupf, eine Nische zu finden – währenddessen droht die Baukultur auf der Strecke zu bleiben. Zu spekulieren ist, daß diese Entwicklung in den USA nicht nur früher als bei uns einsetzte, sondern daß man dort den Kulturkampf um die Architektur auch eher erkannt und auf sich genommen hat. Tatsache ist jedenfalls, daß interessante architektonische und architekturtheoretische Impulse in den achtziger und neunziger Jahren eher aus den USA nach Europa gelangten als umgekehrt. Bei den Rastlosen unserer Zunft gehört es darum längst zum guten Ton, Deutschland eine eigene Architektur und Architekturtheorie naserümpfend abzusprechen.

Dieser Essay wurde gegen dieses Vorurteil verfaßt.

Die ermüdende Rede von der zweiten und dritten Moderne verdankt sich allein der Tatsache, daß der in den dreißiger Jahren bei Hugo Häring, Hans Scharoun, Bruno Taut und anderen einsetzende Prozeß der *Selbstkritik der Moderne* – trotz der in den fünfziger Jahren heftig geführten „Bauhaus-Debatte", trotz der Spiritualität eines Louis I. Kahn, der „italienischen Gedanken" Alison und Peter Smithsons, trotz der Situationisten und der sozialphilosophischen Reflexionen Aldo van Eycks – niemals aus dem Schatten der „weißen Götter", der Propagandisten des *International Style*, ihrer Nachfolger und ihrer nicht weniger spektakulär agierenden postmodernen Widersacher zu treten vermochte. Kein Wunder, waren doch Härings und Scharouns Gedankengebäude zu kompliziert, um mit großer Resonanz diskutiert zu werden. Das aber, was an ihren Überlegungen verständlich war, schien wiederum dem Kulturkonservativismus der geschworenen Feinde des Neuen Bauens zu verwandt, um auf breite Unterstützung unter den Parteigängern der Moderne hoffen zu dürfen. Es gehört darum zu den genuinen Aufgaben zeitgenössischer Architekturtheorie, die komplizierten Denkbewegungen und die philosophische Neugier, womit sich die moderne Selbstkritik „zwischen die Stühle" manövrierte, zu rekonstruieren, zu analysieren und auf ihre Aktualität hin zu befragen. Die anhaltende Verdrängung des Denkens und Bauens jener, die heute unter dem Begriff der „anderen Moderne" musealisiert werden, hat mit dazu beigetragen, daß die moderne Architektur erst radikalen Programmen der Standardisierung und Kollektivierung zum Opfer fiel, um schließlich in den Bauwirtschaftsfunktionalismus der Nachkriegszeit einzumünden. Die strategische Verleugnung moderner Selbstkritik hat das Neue Bauen in einen eindimensionalen, stromlinienförmigen Trend gezwungen und trägt darüber hinaus ein gerütteltes Maß Schuld daran, daß der aktuelle Architekturdiskurs aus Europa desertiert ist.

2

Innerhalb der Architektur und Architekturtheorie des 20. Jahrhunderts bildeten sich zwei zentrale Moderne-Diskurse heraus, die einander widerstreiten, sich ergänzen und bis heute keinen Abschluß gefunden haben. Der eine, den man auch den älteren nennen könnte, wurde bestimmt durch eine Fundamentalkritik am 19. Jahrhundert, die mit dem Historismus, der alten Stadt und den überkommenen Denk- und Machtstrukturen einer Zeit abrechnete, an der alles Lug und Trug zu sein schien. Dabei bediente sich diese Kritik zunehmend soziologischer und ökonomischer Argumente und trug so entscheidend zur „Verwissenschaftlichung" der Architektur und des Städtebaus in der ersten Hälfte des 20. Jahrhunderts bei. Den anderen Diskurs, der etwas jüngeren Datums ist, leitete die Selbstkritik der Moderne ein, die, wie Wolfgang Herrmanns in den frühen dreißiger Jahren geschriebene Geschichte der deutschen Baukunst beweist, sich der radikalen Ablehnung des 19. Jahrhunderts widersetzte und am Fortschrittsoptimismus der Moderne, an ihrer Technikeuphorie, Wissenschaftsgläubigkeit und an ihrem ästhetischen Purismus zweifelte. Gesellschaftskritik wurde durch Kulturkritik ersetzt, und das Interesse an der Soziologie verblaßte angesichts der Faszination, die die Philosophie auf die nachdenklichen Architekten auszuüben begann.

Ausschlaggebend hierfür war, daß sich einige Architekten im „stahlharten Gehäuse" des modernen Rationalismus nicht mehr recht aufgehoben fühlten. Faschismus und Stalinismus, die teuflischen Vollstrecker rationaler Planung, vor Augen, waren sie ins Grübeln geraten und begannen ihre Selbstzweifel philosophisch zu reflektieren. Der vorliegende Essay versucht die Geschichte der modernen Selbstkritik anhand prägnanter Beispiele zu skizzieren. Nach einleitenden Bemerkungen über die Politisierung und Entpolitisierung (Kapitel 1), das romantische Erbe (Kapitel 2) und die Verzeitlichung der modernen Architektur (Kapitel 3) widme ich mich einem aufschlußreichen Grundsatzstreit zwischen Le Corbusier und Hugo Häring, begleite Bruno Taut nach Japan (Kapitel 4) und berichte daraufhin von der Begegnung Hans Scharouns mit Martin Heidegger (Kapitel 5) und der zwischen Peter Eisenman und Jacques Derrida (Kapitel 6).

Die Selbstkritik der Moderne nimmt kein Ende. Der Auseinandersetzung mit dem Begriff der Revision (Kapitel 7) folgt darum ein Exkurs, eine kunterbunte Ausschweifung über „gute und schlechte Absichten", über Leibniz, *Delirious New York* und andere (anti)urbane Träume (Kapitel 8). Einer sei vorweg erzählt:

Es war einmal ein Architekt, dem sich in jungen Jahren die Chance eröffnete, zusammen mit einem älteren Kollegen eine große Trabantenstadt zu planen. Es war die Zeit, als die Städte sprunghaft anwuchsen, moderne Planungskonzepte noch etwas galten und autogerechte Siedlungen nach dem Leitbild der aufgelockerten und durchgrünten Stadt entworfen wurden. Der ältere Kollege war aber nicht irgendwer, er stand für ein eigenes Konzept ein, das auf den Namen „Raumstadt" hörte. Mit ihm wollte er eine kreative Antwort auf den standardisierten Wohnungsbau der Nachkriegszeit geben. Zwar griff auch er auf normierte Elemente zurück, doch wurden diese zu differenzierten Baugruppen kombiniert, um Raum zu schaffen für die individuelle Entfaltung der Bewohner, denen in überschaubaren Nachbarschaften die Möglichkeit gegeben sein sollte, ein solidarisches „Wir-Gefühl" zu entwickeln.

Außerordentlich wichtig war dabei die Rolle, die der „Natur" zukam. Ihre Vorrechte waren Symbole des Gelingens. Die Aufgabe lautete darum, das Städtische in einen locker bebauten Landschaftsraum aufzulösen. Waren in der Metropole des 19. Jahrhunderts Bäume und Grünanlagen die dünn gesäten Ornamente nüchterner Planraster, drehten der alte Architekt und sein junger Partner den Spieß um: In ihrem Entwurf wurden die Gebäude einer großen Parklandschaft wie architektonische Muster aufgedruckt. Die

Folge war: Bäume und Buschwerk nahmen überhand, wuchsen immer höher, wurden dichter, und allmählich verschwanden die Häuser und Fußwege. Stünden keine Hochhäuser in dieser Stadt – der vorbeirauschende Verkehr wüßte nichts von ihr.

Der alte Architekt ist seit langem tot, aber sein junger Kollege, der von der neuen Stadt so überzeugt war, daß er in einen ihrer Bungalows zog – er lebt noch heute dort. Allerdings ist sein Haus kaum mehr aufzufinden. Es ist so überwuchert von Pflanzen, als habe das Wachstum, das den Trabanten zu verschlingen droht, von hier seinen Anfang genommen. Denjenigen, die ihn, der nun selbst alt geworden ist, noch als Planer der Siedlung kennengelernt haben, erzählt er mit Stolz von seinem Garten und dem Sieg der Natur übers Gebaute. Außerdem spricht er gern und ausführlich über seine Schmetterlingszucht, denn inmitten seines Hauses lebt er umringt von Tausenden schwirrender Nachtfalter – allesamt heimische Arten, die vom Aussterben bedroht sind.

Hin und wieder entläßt er sie in großer Anzahl in die Wildnis seiner Stadt. Wenn die Nachbarn abends von der Arbeit heimkehren und sich im Dunkeln hastig ihren Weg zurück in die Wohnung bahnen, bemerken sie nicht, wie über ihnen im Licht der Straßenlampen die prächtigsten Falter zusammen mit den schönsten Hoffnungen des Architekten knisternd verglühen.

Barrières, Barrikaden, Wolkenbügel (Einleitung)

1

Am Anfang der Rezeptionsgeschichte der modernen Architektur stand deren Entpolitisierung. *Ein* Anzeichen hierfür war die Ignoranz, mit der man die Vertreter des „linken Funktionalismus" bedachte. Zumindest galt dies für den Westen, wo Architekten wie Hannes Meyer, Hans Schmidt und Mart Stam „von der Aneignung und Vermarktung der goldenen zwanziger Jahre ausgeschlossen" wurden. (Nerdinger 1989,12) Zu bedenken ist freilich, daß lange zuvor einige moderne Architekten selbst schon die Entpolitisierung des Neuen Bauens betrieben hatten – in Reaktion auf die Entsolidarisierung der Gesellschaft im Faschismus.

Diktaturen verwandeln politische in ästhetische Kollektive. In einer düsteren Vorahnung skizzierte 1927 Siegfried Kracauer – ein „gelernter" Architekt – das „Ornament der Masse", in das der einzelne nicht als organische Einheit und individuelle Gestalt eingehe, sondern fragmentiert und denaturiert. Dies und die Tatsache, daß in der Art, wie Menschen zur Masse formiert werden, die rationale Vernunft stärker zum Vorschein komme „als jene anderen Prinzipien […], die den Menschen als organische Einheit bewahren" (Kracauer 1977,60), brachte die politisch desillusionierten Architekten dazu, sich wieder stärker aufs Individuum und das Verhältnis zwischen Mensch und Natur zu besinnen.

In Reaktion auf die Weltwirtschaftskrise faßte Adolf Rading, der Büropartner Hans Scharouns, diesen Perspektivenwechsel 1931 in die einfachen Worte: „Je mehr die Wirtschaft ihren Sinn verliert, dem menschlichen Willen sich entzieht und entfesselt gegen ihre Schöpfer sich wendet, desto stärker und bestimmender wird das Bewußtsein der Naturverbundenheit sich entwickeln und damit der Garten und das Haus als Bestandteil des Gartens Zuflucht und Lebensmittelpunkt werden." (Kürvers 1999,77)

Mit der Rückkehr zur Natur verband Rading die Verlagerung des architektonischen Interesses vom kollektiven städtischen Wohnen hin zum ländlichen Einfamilienhaus, zur modernen „villa rustica". Folgt man Norbert Elias und seiner These, daß bereits mit dem Seßhaftwerden der Nomadenvölker ein sozialer Entsolidarisierungsprozeß eingesetzt habe, dann lassen sich die Einfamilienhausgrundrisse, die Häring, Scharoun und Rading in den dreißiger Jahren zeichneten, als Lob der Seßhaftigkeit beziehungsweise als moderne Allegorien der Entpolitisierung des Neuen Bauens deuten. Man bedenke: Nur wenige Jahre zuvor hatte das „neue Nomadentum" noch alle Aufmerksamkeit auf sich gezogen.

Es war der Pakt mit der Natur, der Architekten, die Deutschland nach 1933 nicht verlassen wollten, einen Ausweg bot, außerhalb des Industriebaus modern zu planen. Und so wurde zum Überwintern in der Nazi-Diktatur das Loblied der „vita contemplativa" angestimmt. In den dreißiger Jahren fand eben beides statt: das Verbot *und* die Selbstkritik der Moderne. Letztere konfrontiert uns Argumenten, die teils neu, teils von der Technikeuphorie der zwanziger Jahre übertönt worden waren. Naturromantische Visionen begleiteten die moderne Bewegung von Anfang an. Es war ja kein Zufall, daß deren Blütezeit vom Expressionismus eingeläutet wurde. Doch Bruno Taut, der damals die *Auflösung der Städte* (1920) propagiert hatte, kam später als Emigrant in Japan zu weit provokanteren Einsichten, indem er behauptete, daß die Moderne nicht allein ihren Fortschrittsoptimismus, sondern ebenso ihre ureigene Konstitution, den Eurozentrismus, überwinden müsse.

2

Die enorme Wirkung, die das traditionelle japanische Bauen auf die moderne Architektur ausübte, hatte bereits Frank Lloyd Wright unter Beweis gestellt. Hinzu kam, daß nicht nur eine ästhetische Verwandtschaft zwischen japanischer Formaskese und modernem Ornamentverzicht existierte, sondern daß der Westen in der buddhistischen Stilisierung der Armut einen Ausdruck jener Rationalitätskritik entdeckte, die seit Nietzsche den philosophischen Diskurs der Moderne begleitet. Umgekehrt haben Asiaten, die unter den Traditionsbrüchen ihrer Gesellschaften litten, mit Interesse registriert, daß auch der Okzident vernunftskeptische Denktraditionen beheimatet.

Diejenigen unter ihnen, die vor dem Zweiten Weltkrieg in Deutschland Philosophie studierten, erlebten vor allem bei Martin Heidegger ein Denken, das dem Buddhismus verwandt schien. Zugleich bot sich Heideggers Kulturkritik als Nährboden moderner Selbstzweifel an. 1951 lernten er und Scharoun sich kennen. Obschon der Architekt im Unterschied zu

manch einem seiner prominenten Kollegen niemals Illusionen über die Hitler-Diktatur gehegt hatte und keine Verbindung mit den Nazis eingegangen war und trotz des Umstands, daß er sich nach dem Krieg den Weg aus der Isolation der inneren Emigration *politisch* bahnte, indem er streitbar für die moderne Architektur im konservativen Nachkriegs-Deutschland eintrat, war es derselbe Scharoun, der einen Schulterschluß ausgerechnet mit *dem* Philosophen vornahm, dessen Denken der kurzen, dafür um so heftigeren Liaison mit dem Nationalsozialismus nur um den Preis seiner radikalen Entpolitisierung zu entreißen war.
Ab 1952 begann Scharoun einige seiner Entwürfe im nachhinein als „heideggerianisch" zu interpretieren. In seinen Vorlesungen, die er als Professor für Städtebau an der TU Berlin hielt, zitierte er ganze Passagen aus Heideggers Vortrag *Bauen Wohnen Denken* (1951), um deutlich zu machen, welch enge Verwandtschaft zwischen entscheidenden Aussagen des Philosophen und eigenen Projekten bestünden. Als erstes Beispiel wählte er die im Geist des Berliner Kollektivplans fortgeführten Überlegungen für den Spandauer Raum, die er mit Heideggers Konzept des „örtlichen Raumes" in Zusammenhang brachte.
Zurecht vermutete Scharoun in Heideggers Hinweis, daß „die Räume ihr Wesen aus Orten empfangen", jenen Affront gegen das Geometrische, den sein Freund Häring in all seinen Aufsätzen nicht müde geworden war zu formulieren. Entsprechend sah Scharoun seine Aufgabe als Planer darin, gegen die Abstraktion des Ortes zum Raum und des Raumes zur Fläche anzugehen. Die Planungen für Spandau seien daher nicht im Sinne eines Flächennutzungsplans, sondern in Gestalt eines „Kräftewirkplans" durchgeführt worden. Dieser verlagere das Hauptaugenmerk vom Technisch-Wirtschaftlichen hin zum Ethischen und ermögliche so ein neues Verhältnis zwischen Wohnen und Arbeiten, „indem wir nämlich nicht nur entflechten, also nur sozial verbessern, sondern indem wir unser Interesse einer neuen Art der Verflechtung zuwenden". (Scharoun-Archiv, 23. Juni 1952,4) Was von der Charta von Athen noch zu halten war, war damit deutlich genug gesagt.
Doch selbst der Autor der Charta war ja sehr früh schon von heftigen Selbstzweifeln gequält worden. Bereits 1936 gab Le Corbusier im Rückblick auf seine fordistische Stadtutopie *Ville contemporaine* der Befürchtung Ausdruck, „daß die immensen offenen Räume, die ich in unserer imaginären Stadt erschuf, Räume, die auf allen Seiten vom offenen Himmel beherrscht wurden, tote Räume würden; ich befürchtete, daß in ihnen nur Langweile herrschen würde und daß die Bewohner einer solchen Stadt

beim Anblick einer so großen Leere von Panik ergriffen würden". (McDonough 1999,32) Soweit Le Corbusier, als er einmal nicht auf die modernen Verkehrsmittel, sondern auf menschliche Gemütszustände reflektierte. Ist auch die moderne Selbstkritik von Natursehnsucht und Vernunftskepsis inspiriert worden – entscheidender scheint mir für ihre Genese der Einbruch des psychologischen Arguments in den politischen Diskurs der zwanziger Jahre gewesen zu sein. Lauter wurden jetzt die Stimmen, die auf die „Bedürftigkeit" des Menschen verwiesen und gegen die Feier des Kollektivs individuelle Freiheitsspielräume zu behaupten suchten. Doch so notwendig der selbstkritische Verweis auf die legitimen Ansprüche des einzelnen an die gebaute Umwelt auch war, in ihm keimte zugleich die schleichende Entpolitisierung der modernen Architektur. Ihr machte Alexander Mitscherlich 1965 die *Unwirtlichkeit unserer Städte* zum Vorwurf, denn das sozialstaatlich verwaltete Neue Bauen hatte sich mit seinen Betonburgen den Menschen mehr und mehr entfremdet. Der Direktor des Sigmund-Freud-Instituts klagte diese Entwicklung an, indem er die Selbstkritik der modernen Architekten, von der er nichts mehr spürte, sozialpsychologisch *professionalisierte* und als „Anstiftung zum Unfrieden" (so der Untertitel seines Buches) *politisierte*. Die derart professionalisierte und politisierte Selbstkritik der Moderne wurde *gegen* sie verwendet. Sie wurde zum Politikum derer, die 1968 auszogen, jene Streitkultur zurückzuerobern, auf die einst Architekten wie Mart Stam, Hannes Meyer und André Lurçat in den zwanziger Jahren die Probe gemacht hatten.

3

Ausgerechnet ein „Heideggerianer" war es, der auf die fortgesetzte Verquickung von Selbstkritik und Entpolitisierung der Moderne in unserer Zeit reagierte. Im Oktober 1989 schreibt Jacques Derrida Peter Eisenman einen Brief, in dem er dessen Arbeit einem Bündel kritischer Fragen konfrontiert. Dabei kommt er auch auf Walter Benjamins wichtigen Aufsatz *Erfahrung und Armut* aus dem Jahre 1933 zu sprechen, in dem eine an Nietzsche gemahnende Umwertung des Begriffs Armut vorgenommen wird. Euphorisch und doch auch mit dem Mut der Verzweiflung deutete Benjamin den in der materiellen Armut der Massen begründeten Erfahrungsverlust der Moderne, diese „ganz neue Armseligkeit", die mit der „ungeheuren Entfaltung der Technik über die Menschen gekommen" war, in ein „positives Barbarentum" um. Hierbei diente ihm die moderne Architektur als

Beleg. Dem Bauhaus war es schließlich zu verdanken, daß es endlich Räume gab, in denen es schwerfiel, Spuren zu hinterlassen. Verantwortlich waren hierfür die neuen *unauratischen* Materialien Stahl und Glas. Sie halfen eine Umwelt gestalten, in der sich die innere Verarmung der Massen spiegelte. Die Architekten der neuen Kargheit handelten politisch, weil sie Partei ergriffen für diejenigen, die über kein Eigentum verfügten. Wer nichts hat, der hinterläßt auch keine Spuren. Benjamin klagte die Solidarität mit den Besitzlosen ein und strich das Vorbild derjenigen heraus, „die das von Grund auf Neue zu ihrer Sache gemacht und es auf Einsicht und Verzicht begründet haben". (Benjamin 1961,318) Verzicht üben hieß, mit der bürgerlichen Herkunft zu brechen.

An dieser Stelle ist an ein Bild zu erinnern, das wie kein zweites die politische Ästhetik der neuen Armut und des positiven Barbarentums zum Ausdruck bringt. Es handelt sich um die Aufnahme eines Interieurs von Hannes Meyer aus dem Jahre 1926: ein Zimmer, bestehend aus einem Feldbett, einem winzigen Regal aus Stahl und Glas und zwei Klappstühlen. In einer Ecke steht auf einem Gartentisch ein Grammophon, Symbol der Kunst im Zeitalter ihrer technischen Reproduzierbarkeit. Einer der Stühle hängt, um den Eindruck der Kargheit auf die Spitze zu treiben, zusammengefaltet an der Wand. Das ist alles, und man beginnt zu ahnen, daß von den kahlen Wänden die vorwurfsvolle Frage nach der Gemütlichkeit höhnisch zurückgeworfen würde. Benjamin hatte ja angedroht, daß die bürgerliche Kultur im Gelächter untergeht und daß dieses Lachen zuweilen barbarisch klingen wird.

Derrida kommt auf Benjamins Text zu sprechen, um Peter Eisenman daraufhin zu befragen, was denn heute von diesem neuen Barbarentum beziehungsweise von seinen Folgen und dem Verhältnis von Architektur und neuer Armut zu halten sei. Es ist dies zugleich die Frage nach dem politischen Selbstverständnis einer reflexiv gewordenen Moderne. Doch Eisenman hat sie überhört. Er, der glaubt, daß die Moderne in der Architektur noch gar nicht recht angekommen ist, merkt in seinem Antwortbrief lakonisch an, Armut und Obdachlosigkeit seien wohl große Probleme, aber „die Architektur, die Dichtkunst und die Philosophie sind nicht die Bereiche, in denen man sie lösen wird". (Eisenman 1995,178)

Eisenman besiegelt die Entpolitisierung der Architektur, indem er ihr einen Platz im Reich der zweckfreien Künste und Gedanken zuweist. Radikaler scheint der Bruch mit Benjamins Moderne-Interpretation kaum denkbar. Anderseits spürt Derrida bereits in *Erfahrung und Armut* eine Fährte auf, die aus der politischen in eine philosophische Lesart führt. Hierzu

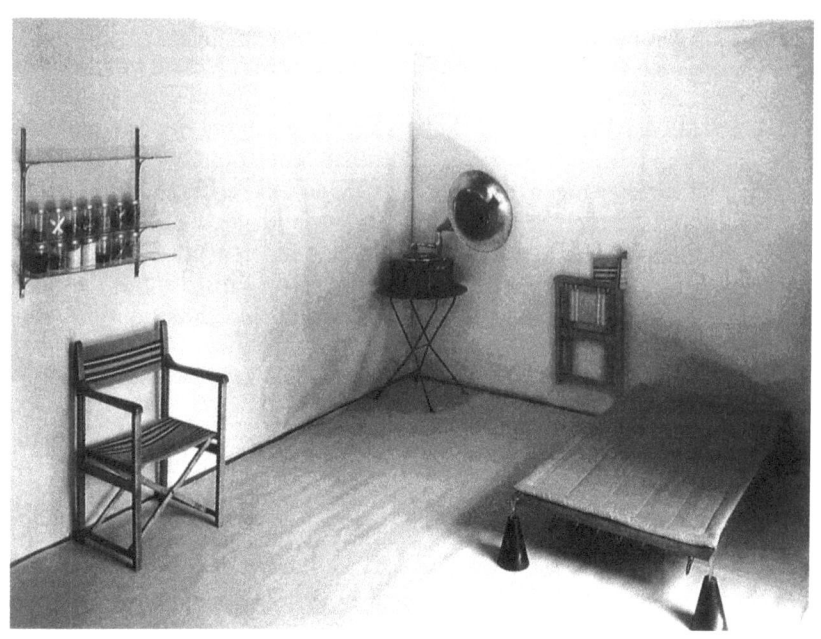

Hannes Meyer, Interieur (1926)

muß man allerdings die Frage stellen, ob die Zerstörung der Aura, die in der modernen Architektur am Werk war, sich einzig und allein gegen die Vergangenheit oder auch gegen die Zukunft richtete, gegen die Gefahr, die jedem Bauwerk droht: sein eigener Verfall. Sollte diesem die Zerstörung der Aura trotzen? Oder warf in der Entauratisierung der Architektur ihr künftiger Verfall seine Schatten voraus? Sollte die moderne Architektur entgegen ihrer Propaganda bereits *in statu nascendi* ein von Selbstzweifeln geplagtes Projekt gewesen sein?

Derrida erinnert an Benjamins Trauerspielbuch, in dem vom barocken Kult der Ruine die Rede ist. „Der gebrochene Giebel, die zertrümmerten Säulen sollen das Wunder bezeugen, daß das heilige Bauwerk selbst den elementarsten Kräften der Zerstörung, Blitz, Erdbeben, standgehalten." (Benjamin 1972,197) Die barocke Architektur verleugnet ihre Vergänglichkeit in der Ästhetisierung des Verfalls und hebt ihn gerade dadurch ins Bewußtsein. Ähnliches gilt für die moderne Architektur, falls man bereit ist, in ihrer formalen Askese zwei unterschiedliche Strategien der Destruktion zu gewahren: eine gleichsam naive, nach außen gerichtete, *politische*, die alles Überkommene vernichten, tabula rasa machen und die Kulturgeschichte im Zustand eines „positiven Barbarentums" stillstellen will, und eine reflexive, introvertierte, gleichsam *unpolitische*, die in dem Wissen, selbst einst Spur zu sein in der Asche von Ruinen, die Archäologie der Moderne betreibt.

4

Gibt es einen Zusammenhang zwischen diesen beiden höchst gegensätzlichen Formen architektonischer Destruktion? Handelt es sich gar um zwei Seiten einer Medaille? Das ist schwer von der Hand zu weisen, sind uns doch mit Ruine, Spur und Asche Begriffe zugefallen, mit denen sich die fließenden Übergänge zwischen dem Prozeß der Entpolitisierung des Bauens und der Genese seiner Politisierung, der wir uns nunmehr zuwenden wollen, markieren lassen.

Und sogleich ist wieder von Zerstörung und Asche zu reden – und auch von Feuer. Vom Feuer der Französischen Revolution, das die Herrschaftsarchitekturen des Ancien régime niederbrannte. Doch das Alte, das dem Einbruch des modernen Zeitalters geopfert wurde, war bisweilen das Neue. So im Fall der verhaßten Zollhäuser, der Barrières von Paris. Entworfen hatte sie Claude-Nicolas Ledoux, der Revolutionsarchitekt, der kein

Claude-Nicolas Ledoux, Die Barrière „le bureau de Passy" (um 1786)

Die Barrière „le bureau de Passy" geht im Juli 1789 in Flammen auf.

Architekt der Revolution war. Statt dessen half er, eine Erneuerung der Architektur durchzusetzen, deren atemberaubende Radikalität uns nur erklärlich wird mit Rücksicht auf eine Zeit, die sich vollständig im Umbruch befand.
Das Klima der Französischen Revolution hatte die Architektur ergriffen, ohne sie schon zu politisieren. Ledoux scherte sich keinen Deut um die armen Leut' und ein auf ihre Bedürfnisse reflektierendes Bauen, sein Ziel war die Konzeption repräsentativer Gebäude für die herrschende Aristokratie und den absolutistischen Staat. Daß es sich hierbei um eine verdienstvolle moderne baukünstlerische Aufgabe handelte, hatte er im *Essai sur l' architecture* des Abbé Laugier nachlesen können. Der hatte am Beispiel der Stadttore von Paris deutlich gemacht, daß eine monumentale öffentliche Baukunst für bestimmte Aufgaben unabdingbar sei, denn nichts sei „kümmerlicher und armseliger als diese Zollschranken, die heute die eigentlichen Tore von Paris bilden. Von welcher Seite man sich dieser Hauptstadt auch nähert, das erste, was ins Auge fällt, ist ein aus hölzernen Planken mehr schlecht als recht errichtetes Gatter, das sich in zwei alten Angeln dreht und auf beiden Seiten von Misthaufen eingerahmt wird." (Laugier 1989,171)
Laugier empfahl Abhilfe durch die Errichtung prächtiger Triumphbögen, und man nahm sich seines Rates an, wenngleich es noch eine Weile dauern sollte, bevor Ledoux damit beauftragt wurde, für die neue, 24 Kilometer lange Stadtmauer von Paris mehr als 60 Barrières zu entwerfen. Nun können zwar Häuser, die Zollbeamten zum Aufenthalt dienen, schwerlich als Triumphbögen ausgeführt werden, doch wußte sie Ledoux wie pompöse Baukunstwerke zu inszenieren. Entsprechend geteilt waren die Meinungen der Zeitgenossen: Die einen zeigten sich entzückt von diesem Versuch einer „architecture parlante", die mit archaisierender Formensprache den Übergang vom Land in die Stadt thematisiere; andere wiederum mokierten sich über die „kolossalischen Zollbuden", von denen die eine „die Form einer Begräbniskapelle, eine andere die Form einer Kirche, eine dritte die Form eines Gefängnisses" habe, von denen aber keine ahnen ließ, daß darin ein halbes Dutzend Beamte hausten. (Philipp 1996,34)
Für das Volk waren die Barrières verhaßte Zeugnisse des Absolutismus. Als daher die Köpfe des Adels rollten, wollte man auch die Zollhäuser zerstört sehen. Viele von ihnen gingen in Flammen auf. Doch schon im Jahre Zwei der Revolution wurde ihnen Denkmalcharakter zugesprochen. Erhalten werden sollten sie indessen nicht als Mahnmale der finsteren Vergangenheit, sondern als Pilgerstätten einer hoffnungsvollen Gegenwart.

Die Barrières von Paris waren zweifellos politische Bauwerke, politisch war ihre Zerstörung, und politisch war auch die Idee ihrer Erhaltung, die an ihnen architektonisch nichts verändern wollte. Sie sollten nur mit Inschriften über die Erfolge der Revolutionsarmeen versehen werden. Indes – was können wir daraus schließen? Daß Architektur beliebig interpretiert und politisch instrumentalisiert werden kann? Die Geschichte der Zollhäuser scheint dies zu bestätigen. Ledoux inszenierte mit ihnen die grotesken Grenzen, die das Ancien Régime gegen das Volk aufgerichtet hatte; ihre Zerstörung war ein Akt emanzipatorischer Grenzüberschreitung, und ihr Erhalt diente der neuen Grenzziehung jakobinischer Herrschaft.

5

Im Zusammenspiel von architektonischer *Be*grenzung und *Ent*grenzung spiegelt sich die Dialektik von naiver und reflexiver Destruktion. Auch das folgende Beispiel macht dies deutlich. Denn es dauerte nicht lange, da stellte sich die Architektur *in den Dienst* der Revolution. Dadurch entstand eine neue Baugattung: die Barrikade. Die Durchsetzung und Verteidigung revolutionärer Forderungen hatten Schutzwälle ganz eigener Art notwendig gemacht. Als prominentester Barrikaden-Baumeister betrat vor mehr als 150 Jahren Gottfried Semper die politische Bühne. Zusammen mit Michael Bakunin und Richard Wagner kämpfte er im Dresdner Mai-Aufstand zur Durchsetzung der Paulskirchen-Verfassung gegen preußische und sächsische Truppen.

Der Aufstand brach am 3. Mai 1849 aus, tags drauf floh der sächsische König aus der Stadt. Bereits am 5. Mai soll der Bau von über 100 Barrikaden beendet worden sein. Es wird berichtet, daß Semper zunächst in den Reihen der Scharfschützen an der Hauptbarrikade in der Wilsdruffer Gasse kämpfte. Zuvor hatte er sich bei der provisorischen Regierung über den schlechten Zustand dieses Schutzwalls beschwert und war daraufhin mit dessen Umbau beauftragt worden. Nach dem Vorbild seiner Planung wurden die strategisch wichtigsten Straßensperren errichtet oder verbessert. Was muß man sich unter einer solchen Barrikade vorstellen? Aus welchem Material bestand sie, und wie war sie konstruiert? Hierüber geben zwei Quellen Auskunft. Ein Dresdner Bürger, der bereits im Jahr des Aufstandes seine Schilderung der Ereignisse veröffentlichte, hatte beobachtet: „Wohin man sah, wurde Pflaster aufgerissen, die Trottoirs von Granit ausgehoben und die Bohlen, womit die unter den Straßen laufenden Abzugs-

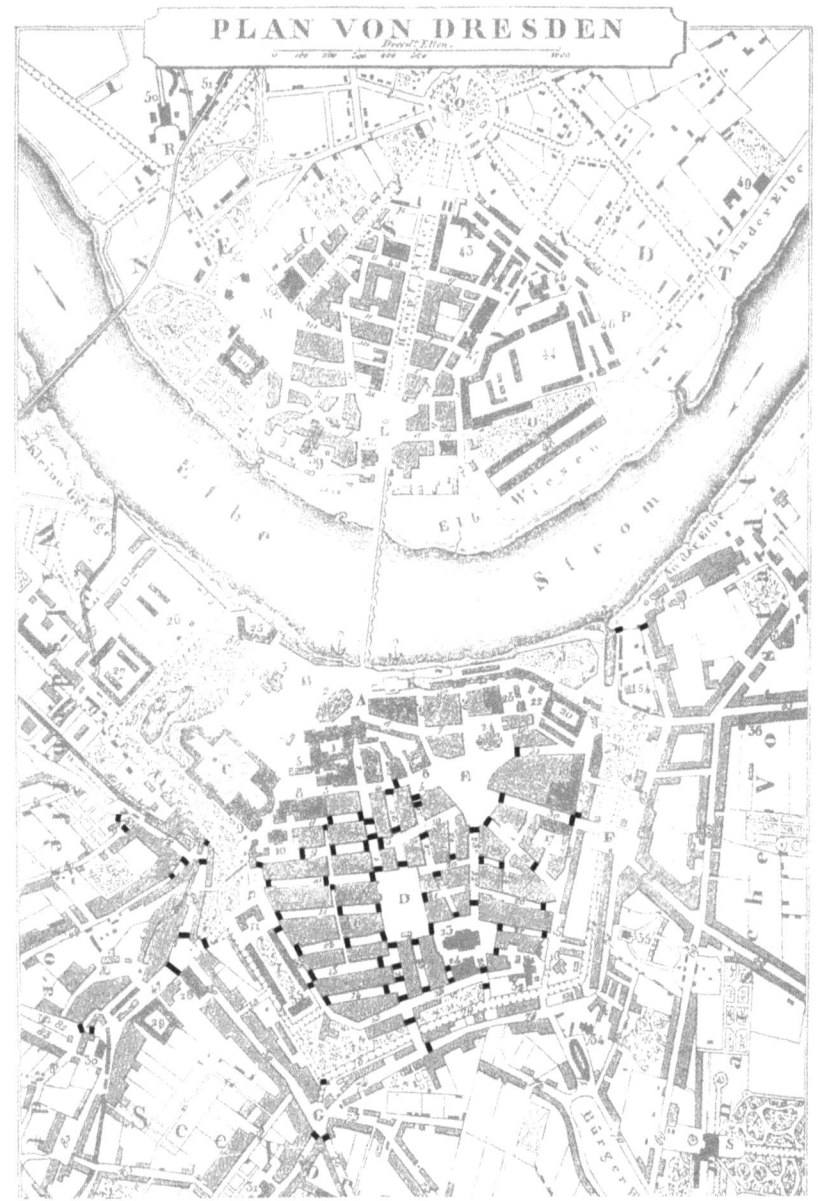

Plan der in Dresden errichteten Barrikaden

Die Barrikade am Eingang der Wilsdruffer Gasse

schleusen gedeckt sind, weggenommen, um die Bewegung der Reiterei zu hindern." (Kramer 1999,55) Und Graf von Waldersee, Befehlshaber der preußischen Hilfstruppen in Sachsen, notierte zu den Barrikaden: „Es waren förmliche kleine Festungswerke, bis an das erste Stockwerk der Häuser hinaufreichend, aus den Quadern des Straßenpflasters kunstgerecht zusammengefügt, durch die in schräger Böschung angebrachten Trottoir-Platten selbst gegen schweres Geschütz widerstandsfähig, mit Brustwehren versehen." (Kramer 1999,51)
Eine gewisse Hochachtung gegenüber dem Erbauer solch trefflicher Fortifikationen klingt durch des Grafen Worte, eine Hochachtung freilich, die dazu angetan war, das ganze Ausmaß des Verbrechens zu verdeutlichen, dessen sich Semper aus Sicht der Reaktion schuldig gemacht hatte. Über viele Jahre hinweg wurde er als Hochverräter steckbrieflich verfolgt. Als schließlich der Haftbefehl zurückgezogen wurde, interessierte sich niemand mehr für Sempers politische Vergangenheit, und selbst den Dresdner Barrikadenbau wollte man nur mehr als Beispiel seiner großen Kunstfertigkeit gelten lassen.
Das Bollwerk als Kunstwerk? Hierfür spricht auch folgende Anekdote: Bakunin hatte ursprünglich nicht vorgehabt, sich aktiv an den Dresdner Ereignissen zu beteiligen, doch als die Unruhen ausbrachen, war es für ihn, der sich damals in der sächsischen Hauptstadt aufhielt, keine Frage, die Aufständischen zu unterstützen. Zur Verteidigung der Stadt soll er den Vorschlag gemacht haben, berichtet seine Biographin Ricarda Huch, „die Sixtinische Madonna aus der Galerie zu holen und auf der Mauer [=Barrikade?] aufzustellen; das würde die preußischen Soldaten abhalten zu schießen, welche zu gebildete Leute wären, um einen Raffael zu zerstören". (Huch 1980,97)
Indes hatten die Barrikaden bereits ohne solche Verschönerung ihr Publikum: „am herrlichen Frühlingsabend", notierte Richard Wagner, „promenierten vornehme Damen mit ihren Kavalieren durch die verbarrikadierten Straßen; alles schien nur ein Schauspiel zur Unterhaltung zu sein." (Wagner 1963,410) Und ein anderer Zeitzeuge erinnerte sich: „Sonderbarer Anblick, an einigen Barrikaden bauten noch einzelne Personen mit einer ganz sorglosen Ruhe, [...] es sah gar nicht aus, als wenn ein Kampf stattfinden sollte." (Kramer 1999,55) Diese merkwürdige Ruhe vor dem Sturm war sicherlich auch Ausdruck der großen Befriedigung über die gemeinschaftliche Bauarbeit, in der sich die Hoffnung auf eine gerechtere Gesellschaft architektonisch ausgedrückt hatte. Die Architektur der Barrikade war eben kein reiner Funktionalismus, sie war nicht nur ein wohlberechneter Schutz-

wall, sondern das Ergebnis gelebter Solidarität – Grenzziehung und Grenzüberschreitung in einem, Symbol einer besseren Zeit.

6

Diese aber schien sich erst mit der russischen Revolution anzukündigen. Und wiederum kam Bewegung in die Architektur. Diesmal im buchstäblichen Sinne: die ambitioniertesten Gebäude lösten sich vom Boden, als wollten sie die Grenzen der Schwerkraft überwinden. Die Revolution des Bauens, für die Ledoux' Werk einstand, und die Politisierung des Architekten, die Semper am eigenen Leib erlebt hatte, sollten endlich im russischen Konstruktivismus zur Synthese gebracht werden.

Unter den Ikonen der neuen sowjetischen Architektur erlangten die *Lenintribüne* und der *Wolkenbügel* von El Lissitzky besondere Berühmtheit. Beide entstanden in den Jahren 1924/1925 während Lissitzkys Kuraufenthalt in der Schweiz, der ihn in engen Kontakt mit Mart Stam brachte. Die beiden kannten sich bereits von Berlin her, aber erst vor alpiner Kulisse kam es zu gemeinsamen Projekten. Lissitzky arbeitete mit an der von Mart Stam und Hans Schmidt redigierten Zeitschrift *ABC – Beiträge zum Bauen* und begann, konkrete architektonische Projekte zu konzipieren, nachdem er sich als Maler und Grafiker bislang nur in die Dreidimensionalität seiner „Prounen" vorgewagt hatte.

Wenige Jahre später erschien sein Buch *Rekonstruktion der Architektur in der Sowjetunion* (1929). In ihm beschrieb Lissitzky die neuen Bauaufgaben der sozialistischen Gesellschaft und experimentelle Entwürfe wie den Wolkenbügel. Am Beispiel von Wohnhäusern, Arbeiterclubs, Industriebauten und Sportstätten analysierte er die seinerzeit prominentesten Entwürfe. Dabei hielt er mit Kritik nicht zurück. So wird beispielsweise moniert, daß selbst die engagiertesten Architekten in den ersten Jahren nach der Revolution keine Zeit gefunden hätten, sich mit grundlegenden städtebaulichen Problemen zu befassen. Dies sei insbesondere dem Bürobau zum Verhängnis geworden. Neue Gebäude in Moskau und anderen Städten, allesamt imponierende Eisenbetonbauten mit großen Glasflächen, gehörten trotz ihrer Modernität der Vergangenheit an, da sie „wie früher aus der laufenden Straßenfront [herauswachsen], als ob es noch immer einzelne Grundstücke privater Eigentümer gebe". Nichts sei davon zu spüren, „daß ein neues Bodenrecht existiert". (El Lissitzky 1989,33/34)

El Lissitzky, Wolkenbügel (1924/1925)

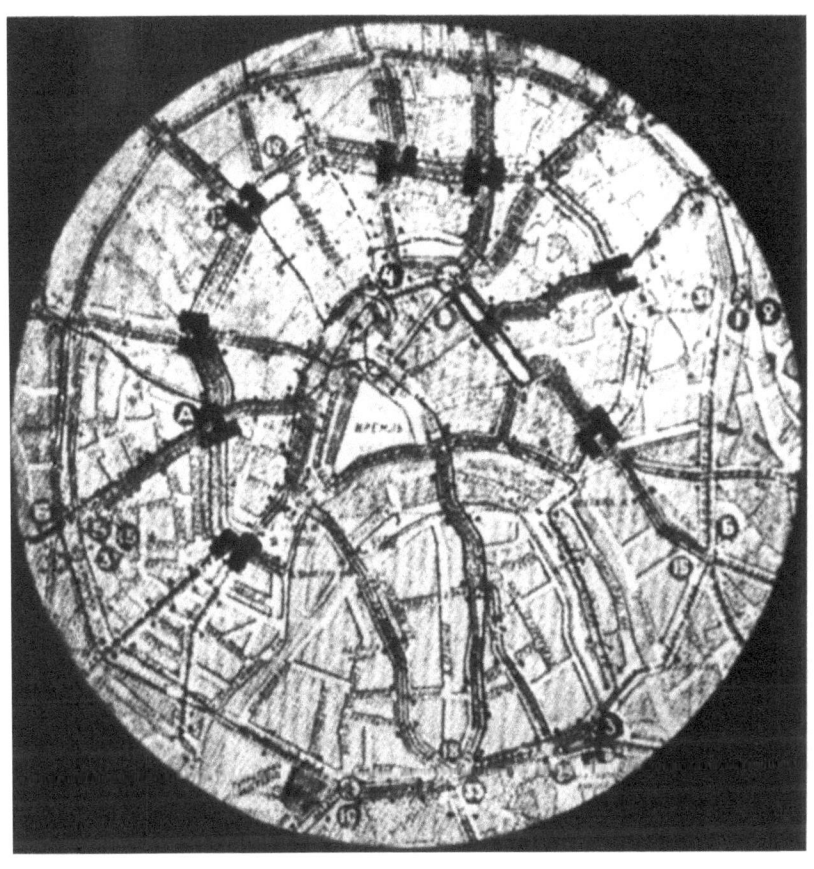

El Lissitzky, Stadtplan von Moskau mit den Standorten der acht Wolkenbügel

Daß der vergesellschaftete Grund und Boden der sozialistischen Stadt ein völlig neues Planungsleitbild erzwingt, hatte bereits Tony Garnier 1904 mit seiner *Cité industrielle* vorgeführt, wobei er die gesamte Stadt als öffentlichen Raum konzipierte. Auch Lissitzky spricht von der „offenen Straße", die in den gewachsenen Städten „andere Massen- und Raumverteilungen" nötig mache. Gefragt seien darum Bauten, die den alten Stadtkörper im Sinne der neuen sozialen Ordnung umbilden helfen. Als positives Beispiel wird der Wolkenbügel erwähnt, dessen Grundgedanke es war, „aus den Gegebenheiten des alten Moskauer Stadtsystems einen Bürobau für die Forderungen der neuen Zeit zu schaffen". (El Lissitzky 1989,38) Lissitzky forderte, die Architektur müsse die alten Städte endlich im Sinne der neuen sozialen Ordnung umbilden. Ausgehend von der zentralen Stadtanlage Moskaus mit seinen Ringstraßen und den vom Zentrum ausgehenden Hauptachsen, hatte er den Wolkenbügel als städtebauliche Dominante für die Schnittpunkte beider Straßensysteme entwickelt. An acht Stellen sollten die visionären Bürobauten schweben und auf diese Weise einen Kreis um die inneren Stadtteile bilden. Im Vergleich zum amerikanischen Wolkenkratzer, der sich anarchisch ausbreitet und mit breitem Sockel in der Stadt thront, sah Lissitzky die Neuheit des Wolkenbügels darin, daß er nur kleine Grundflächen benötige, also kaum öffentlichen Raum vernichte. Außerdem seien seine Funktionen zur leichteren Orientierung radikal getrennt worden durch die konsequente Aufteilung der Verkehrsräume auf die stützenden und der Büroräume auf die lastenden Bauteile.
Als zwei- und dreigeschossiges gläsernes Gebäude, das in schwindelnder Höhe auf drei monumentalen Stützen über der Stadt schweben sollte, war der Wolkenbügel nicht nur Ausdruck der neuen sozialen Ordnung, er war zugleich Symbol des technischen Fortschritts. Dessen Speerspitze markierte damals das Flugzeug. Entsprechend glaubte Lissitzky, daß auch für die Architektur die Ablösung von der Erde eine bedeutende Herausforderung darstelle. Die Architekturgeschichte interpretierte er als einen parallel zur Verkehrstechnik ablaufenden Prozeß, der sukzessive die Stütz- und Grundfläche des Bauens reduziere. Am Ende dieses Prozesses stehe die ägyptische Pyramide Kopf. Tatsächlich kam es noch weit besser: Die konstruktivistischen Architekten reizte die Vision der Überwindung der Schwerkraft so sehr, daß sie schon bald mit wagemutigen Entwürfen für Raumstationen und schwebende Städte im Weltall auf sich aufmerksam machten.
Als Lissitzky den Wolkenbügel entwarf, stand er in enger Diskussion mit Mart Stam und Emil Roth. Letzterer kümmerte sich um die Statik des Ge-

bäudes und setzte durch, daß es auf drei statt auf vier Beinen zu stehen kam. Mart Stams Anteil an der Konzeption des Wolkenbügels führte schließlich zu einem eigenen Vorschlag, der sich als kritischer Kommentar zu Lissitzkys Lösung verstand. Das war kein ungewöhnliches Verfahren. Von Beginn seiner Laufbahn an betrieb Stam konkrete Architekturkritik, indem er so manches öffentlich diskutierte Projekt wie etwa Le Corbusiers *Maison Domino* oder Mies van der Rohes Berliner Glashochhaus seinen eigenen Verbesserungsvorschlägen konfrontierte.

7

Kritik war der Nährboden, auf dem die moderne Architektur gedieh. Kritik der Tradition und der eigenen Weggenossen, die das volle Wagnis des Neuen Bauens noch scheuten. Kritik war der Motor, der die Architekten des Neuen Bauens vorantrieb, und Selbstkritik die Bremse, womit sie ihren Fortschrittsoptimismus zügelten. Stam verbreitete seine Kritiken nicht unter der Hand, sondern machte sie öffentlich. Dies und der Umstand, daß er mit seinen Korrekturen die kollektive Entwicklung der modernen Architektur betonte, wodurch sich die Frage nach der Bedeutung und dem Genie einzelner Entwurfsautoren relativierte, waren bereits politische Entscheidungen. Stam verstand die moderne Architektur als einen Optimierungsprozeß, der vielen Händen überantwortet war. Schließlich waren ja die sozialutopischen Ideen, die das Neue Bauen inspirierten, allenfalls in gemeinsamer Anstrengung zu realisieren.

Um Realisierbarkeit ging es Stam auch in seiner Alternativversion des Wolkenbügels. Demonstriert werden sollte, daß Lissitzkys von künstlerischer Hand gestaltete Vision tatsächlich baubar und zugleich in ihrer wichtigsten ästhetischen Aussage noch zu steigern war. Der augenfälligste Unterschied beider Entwürfe macht dies deutlich: Stam hat die Masten und Pylone, die seinen Wolkenbügel tragen, schräg gestellt. Während die senkrechten Stützen Lissitzkys starr und schwerfällig wirken, unterstreicht die „dynamische" Konstruktion des Holländers den schwebenden Charakter des Bauwerks.

Und Stam ging noch einen Schritt weiter: Seine Masten scheinen den aufliegenden Büroriegel weniger zu tragen als zu durchdringen. Sie verleugnen ihre konstruktive Aufgabe, damit der irritierende Eindruck entsteht, das Gebäude schwebe tatsächlich. Wie sehr die neue Architektur ein Kampf um Entgrenzung war, zeigt zudem jene Skizze Stams, auf der er die Länge

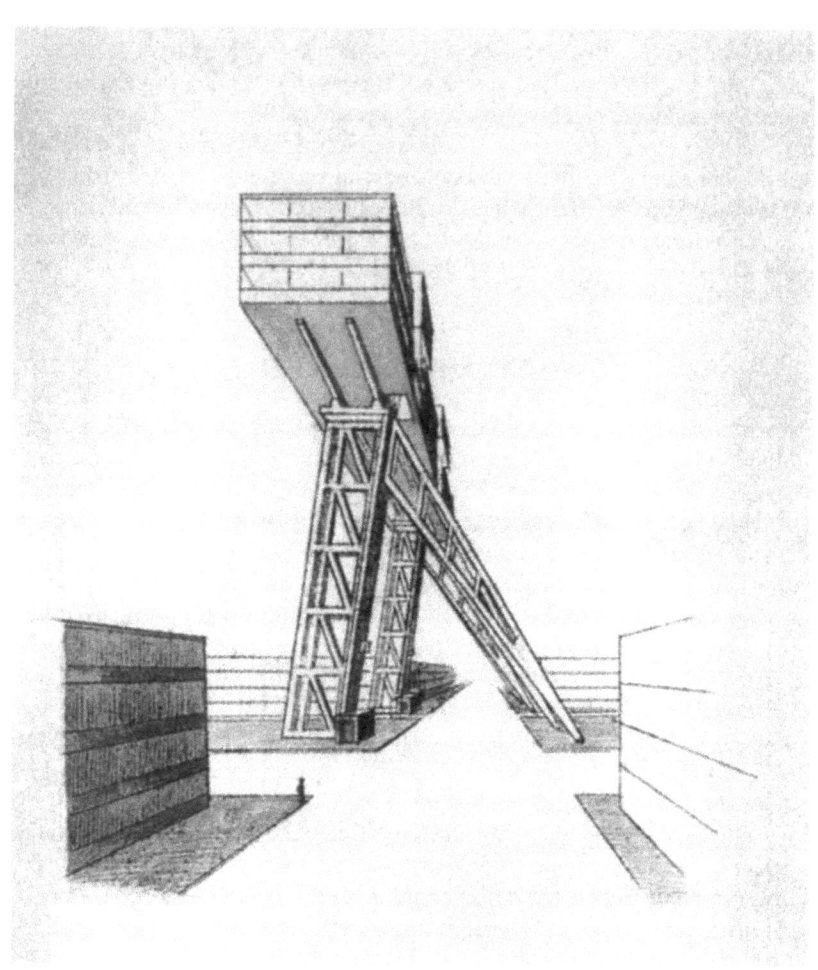

Mart Stam, Wolkenbügel (1924/1925)

Mart Stam, Wolkenbügel mit unbestimmter Länge (1924/1925)

seines Wolkenbügels unbestimmt ließ. Im Gegensatz zu Lissitzky faßte er seinen Bau als einen einfachen Riegel auf, als ein die Straße begleitendes Bauwerk, das den Anschein erweckt, es könne wie eine Bandstruktur viele Kilometer über die Stadt gelegt werden.

Mart Stams Verbesserungsversuch war das Resultat einer konsequenten Weiterentwicklung der außergewöhnlichen Architekturidee Lissitzkys. Im Gegensatz zu dessen düster pathetischen Zeichnungen unterstreicht die um Sachlichkeit bemühte Darstellung Stams die Realisierbarkeit und Übertragbarkeit des Projekts. Stams Wolkenbügel ist für keinen konkreten Ort konzipiert; schattenlos schwebt er über einem abstrakten Straßenraster, das die nüchterne Atmosphäre von Hilberseimers Großstadtvision atmet. Und vielleicht war es ja gerade diese Versachlichung und Verallgemeinerung, die dazu führte, daß Stams Entwurf keine Publizität erlangte.

Der pragmatische Holländer hatte mit dem Versuch, die politische Bedeutung des Projekts durch die Betonung seines Realitätscharakters zu steigern, das Besondere des Wolkenbügels, ein Symbol der revolutionären russischen Gesellschaft zu sein, relativiert. Behauptet Lissitzkys Entwurf nicht gerade wegen des lastenden Charakters der horizontalen Bauteile und wegen seiner dräuend-dunklen Monumentalität einen Platz in unserer Erinnerung? Mußte es nicht fliegen und zugleich auch lasten *wollen*, um seinen Ort in einer Stadt behaupten zu können, in der die Revolution zwar gesiegt, die neue Architektur jedoch kaum schon in Erscheinung getreten war?

Wie auch immer: Stams Korrektur blieb folgenlos, und Lissitzkys Architekturtraum scheint längst ausgeträumt. Indes können Spuren davon bis in unsere Gegenwart verfolgt werden. Als Beispiel sei Peter Eisenmans spektakulärer Entwurf für das *Max-Reinhardt-Haus* in Berlin (1992) genannt, das sich mit seinen beiden Enden tief in den Boden eingräbt und dabei eine vielfach zerknitterte, kristalline und wolkige Gestalt ausbildet, so als verschränkten sich in ihm eine monumental aufgetürmte Barrikade, ein mißglückter Triumphbogen und ein abstürzender Wolkenbügel. Mit diesem Bau wäre in der Tat ein trauriges Monster ins Leben gerufen worden, ein Faltengebirge auf zwei Beinen, das vor Scham in der Erde versinken möchte, besser noch: in sie zurückschrumpelt. Mit seinem unrealisierten Projekt ist Eisenman ein wahrhaft skeptischer Kommentar zur Geschichte des Hochhauses und zugleich ein Abgesang auf die politische Architektur der Barrières, Barrikaden und Wolkenbügel gelungen, dissonant und verwegen unförmig – eine gläserne Ruine moderner Selbstkritik.

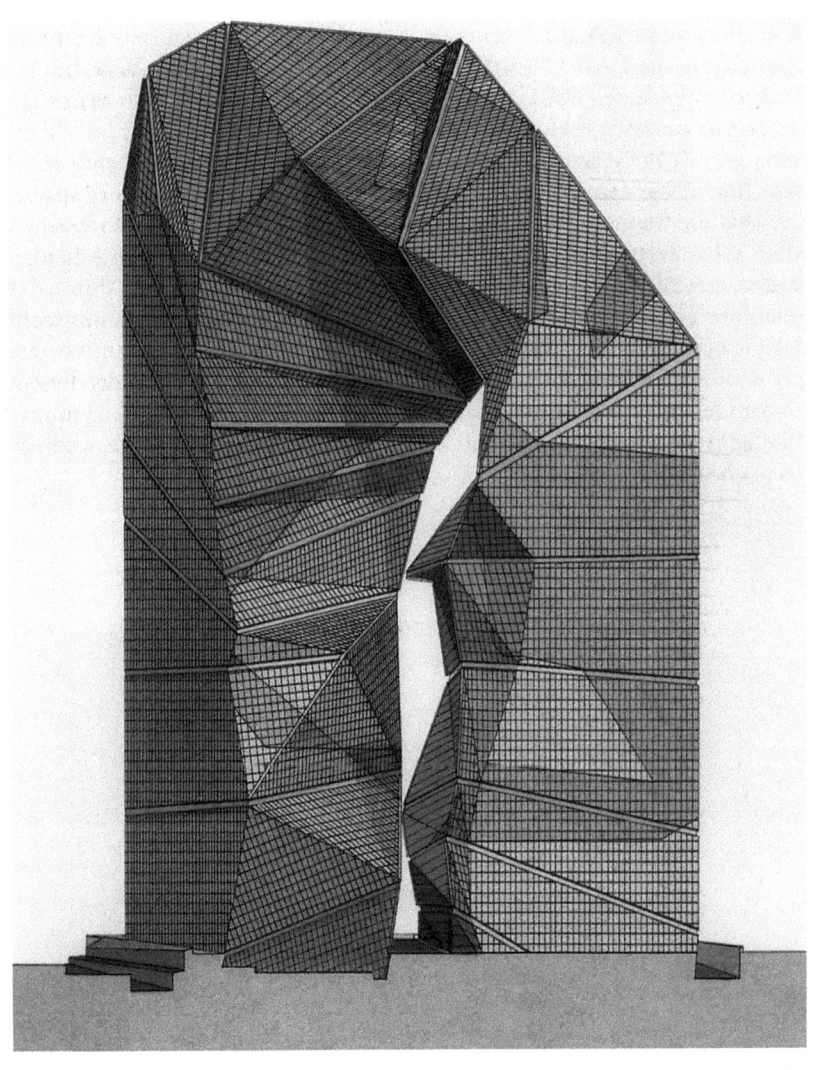

Peter Eisenman, Max-Reinhardt-Haus für Berlin (1992)

Wie aber, wenn wir auf Eisenmans Entwurf jene optimistische Deutung übertrügen, die einst Heinrich von Kleist einem einfachen Würzburger Stadttor zukommen ließ? Der Dichter hatte eine ungelenke Skizze des Tores dem letzten Brief beigelegt, den er im Jahre 1800 an die Freundin Wilhelmine von Zenge schrieb. Sein Kommentar hierzu lautete: „Ich ging an jenem Abend vor dem wichtigsten Tage meines Lebens in Würzburg spazieren. Als die Sonne herabsank war es mir als ob mein Glück unterginge. Mich schauderte wenn ich dachte, daß ich vielleicht von allem scheiden müßte, von allem, was mir teuer ist. Da ging ich, in mich gekehrt, durch das gewölbte Tor, sinnend zurück in die Stadt. Warum, dachte ich, sinkt wohl das Gewölbe nicht ein, da es doch keine Stütze hat? Es steht, antwortete ich, weil alle Steine auf einmal einstürzen wollen - und ich zog aus diesem Gedanken einen unbeschreiblich erquickenden Trost, der mir [...] immer mit der Hoffnung zur Seite stand, daß auch ich mich halten würde, wenn alles mich sinken läßt." (Kleist 1970,593)

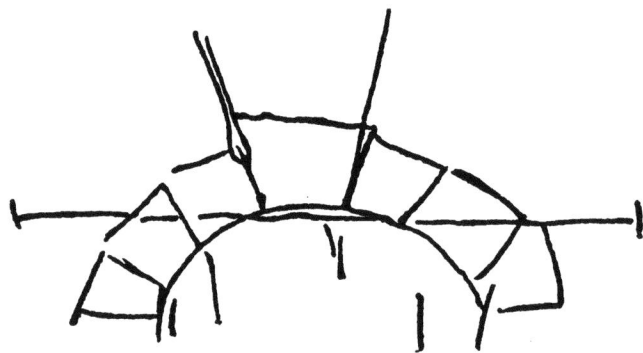

Heinrich von Kleist, Skizze eines Würzburger Stadttores (1800)

Das romantische Erbe

1

Was ist interessanter, spannender, lustvoller: Rätsel lösen oder Geheimnisse bewahren? Das mag jeder für sich beantworten, wie er will. Doch wenn man fragt, was von beidem der Menschheit dienlicher ist und ihr Überleben sichern hilft, dann findet man sich in einem Streit von kulturhistorischer Tragweite wieder. Es ist die Konfrontation von Aufklärung und Romantik, die in dieser Frage lebendig wird, und damit das philosophische Erbe, das die Moderne angetreten hat.
Im Zeitalter der Aufklärung wurden die Wissenschaftler von der Vorstellung erfaßt, daß die Geheimnisse der Welt durchweg als Pseudogeheimnisse zu entlarven sind. Ein Pseudogeheimnis stellt ein Rätsel, das irgendwann mit Hilfe von Vernunft und Logik zu lösen ist. Ein *echtes* Geheimnis dagegen läßt sich nicht mit logischen Erklärungen und mathematischen Formeln entschlüsseln. Es mag unterschiedlichen Deutungen zugänglich und auf diesem Weg in seiner Bedeutung zu verstehen und zu bewahren sein, doch auflösen läßt es sich nicht. Es geht, wie man so schön sagt, „über unseren Verstand". Entsprechend dient das Aufspüren „echter Geheimnisse" zugleich dem Nachweis einer dem Menschen und seiner Ratio überlegenen Macht.
Lassen sich in der modernen Lebenswelt überhaupt noch „echte" Geheimnisse ausmachen? Die Romantiker glaubten fest daran und machten sich auf die Suche. In einer nüchtern, enger, schneller und lauter gewordenen Welt schätzten sie naturphilosophische Geheimnisse höher als naturwissenschaftliche Erkenntnisse. Das analysierte Dasein ist kalt, unwirtlich und häßlich, lautete ihr kulturkritischer Kommentar. Propagiert wurde das ästhetische Programm der Wiederverzauberung des von der Wissenschaft Entzauberten, nachdem man die Erfahrung gemacht hatte: der technische Fortschritt und das Gefühl der Heimatlosigkeit bedingen einander. Der Prozeß der Zivilisation schien in einer Sackgasse gelandet. Schuld daran war die Degradierung des Numinosen zu wissenschaftlich auflösbaren Rätseln. Rettung verhieß hier allein noch die Kunst.

Die Romantik schuf den modernen Künstler: Jung war er, launisch, wild, unabhängig, kompromißlos und von seiner Arbeit besessen. Auch die Frauen wollten das Malen, Musizieren und Schreiben nicht länger in verschämter Zurückhaltung ausüben, zunehmend selbstbewußter begegneten sie einer Männerwelt, die gleichwohl das Geschehen weiterhin dominierte, zumal sich das Überleben als Künstler immer schwieriger gestaltete. Die große Zeit des fürstlichen Mäzenatentums war vorbei. Der romantische Künstler stand bereits unterm Zwang der Vermarktung, der ihm die Attitüde der Originalität aufbürdete. Jene noch für die Aufklärung gültige Gleichwertung wissenschaftlicher und ästhetischer Arbeit wurde zugunsten einer ins Riesenhafte gesteigerten Bedeutung der Kunst aufgegeben. Universelle Bildung war nicht länger der Schlüssel, der das Tor zur Kunst aufschließen half, sondern Genie.

Vereinzelt sah man sogar in den „soliden" und „bürgerlichen" Architekten Verkörperungen des neuen romantischen Künstlertyps. Außergewöhnlichen Gestalten wie Friedrich Gilly, der 1772, im selben Jahr wie Friedrich Schlegel, der Autor des freizügigen Romanfragments *Lucinde*, geboren wurde, gestand man bereitwillig Genie zu. 1793 notierte Wilhelm Heinrich Wackenroder in einem Brief über den jungen Gilly, den späteren Lehrer Schinkels: „Jede Schilderung ist zu schwach. Das ist ein Künstler! So ein verzehrender Enthusiasmus für die alte griechische Simplizität! Ein göttlicher Mensch!" Adressiert war der Brief an Ludwig Tieck, mit dem Wackenroder nur drei Jahre später die tränenreichen *Herzensergießungen eines kunstliebenden Klosterbruders* publizieren sollte, die wohl aufschlußreichste Programmschrift der deutschen Frühromantik.

Mit dem Billett seiner Genialität durfte der romantische Künstler das verborgene Tor in die märchenhafte Welt der Geheimnisse passieren. Als Genie war er schließlich selbst zum Geheimnisträger einer schöpferischen Macht geworden, die sich seiner auf unerklärliche Weise bemächtigte. Die Dichotomisierung des Wissens schien so in eine denkwürdige Arbeitsteilung einzumünden: Philosophie und Kunst wurden mit der Aufgabe einer fragenden Entdeckung *echter* Geheimnisse und ihrer deutenden Bewahrung und ästhetischen Interpretation betraut, während die kritische Entzauberung von Pseudogeheimnissen dem modernen Wissenschaftsbetrieb überlassen blieb.

Solche Arbeitsteilung stand natürlich auf wackeligen Füßen. Schließlich bezog ja ein Großteil der Wissenschaftler sein Selbstbewußtsein aus einem prinzipiellen Desinteresse an Philosophie und Kunst. Doch drohte nicht allein von hier aus Gefahr. Der Einspruch gegen gesellschaftliche Rationalisierungsprozesse und gegen die zunehmende Naturbeherrschung gewann ständig an Einfluß. Und dies um so mehr, als ein Zusammenhang zwischen dem wissenschaftlich-technischen Fortschritt und der Entfremdung des Menschen von Natur und Gesellschaft – das Leitthema romantischer Kunst und Literatur – immer weniger zu leugnen war.

2

Wann fing die Moderne an? Wohin unser Blick fällt, stoßen wir auf neue Antworten. Eine davon lautet: Erst in der Moderne reflektierten Philosophie und Kunst die einander korrespondierenden Vorgänge, daß sich die Individuen unter ihresgleichen als Fremde zu fühlen begannen, weil sich die traditionellen sozialen Bindungen lockerten, und daß ihnen dabei die Distanz zur Natur, zur „inneren" wie zur „äußeren", immer schmerzlicher spürbar wurde. Die Frage nach der zunehmenden „Naturferne" und den schwindenden Bindungskräften der Gesellschaft drängte sich zunehmend in den Vordergrund. Auffallend ist, daß seit der Romantik soziale Entfremdungserfahrungen auf solche in der Natur projiziert werden und umgekehrt. Offenbar bestand und besteht hier eine hohe Verwechslungsgefahr und die Neigung, das Unbehagen in der Kultur auf die Entfremdung von der Natur zurückzuführen und für diese wiederum die soziale Kälte verantwortlich zu machen, in der die bürgerliche Gesellschaft zu erstarren drohte.
Nachdem sich die Aufklärer daran gemacht hatten, sämtliche Vorgänge in Natur und Gesellschaft als rationalisierbare Phänomene zu verstehen, trachteten die Romantiker danach, den Prozeß der Vergesellschaftung des Menschen vor allem als Zwang zu begreifen und damit als das, was Freud später Triebbeherrschung nannte. Die Versöhnung des Menschen mit seiner inneren und äußeren Natur erschien nunmehr als höchstes Ziel kultureller Arbeit. Mißtrauisch geworden gegenüber dem Prozeß der Zivilisation, den sie als Verwandlung vitaler Gemeinschaften in anonyme Gesellschaften registrierten, verschworen sich die Romantiker dem Individuum und dessen seelischen Bedürfnissen.
Der in der Hochofenhitze der industriellen Revolution fröstelnde Mensch, der die moderne Welt als entseelte erfuhr, als Produkt kaltblütiger Rationalisierung, begab sich auf die Suche nach Herzen erwärmenden Freundschaften. In höchster Ausformung war es die zur Seelenverwandtschaft gekürte Sexualität, womit sich das frühromantische Subjekt lustvoll seinen Weg zu-

rück zur Natur bahnte. Von der bürgerlichen Gesellschaft und von restaurativer Politik zutiefst enttäuscht, empfand man größte Sehnsucht danach, die eigene Gefühlswelt und – im Schlepptau einer von allen Konventionen befreiten Liebe und Kunst – die Zivilisation im ganzen mit der Natur zu versöhnen. Trotz ihrer sozialen Isolation stellten die Romantiker die Entfremdung von der Natur als die gravierendere dar. Sie wurde ihnen zum Symbol einer fehlgeleiteten Kulturentwicklung.

In der Enttäuschung über die menschengemachte Welt, die der Vernunft von der Aufklärung in Auftrag gegeben war, verwandelte sich die romantische Trauer über das entzauberte Dasein in eine Klage über die verlorengegangene Religiösität. Das romantische Genie war voll des Eingedenkens der Verluste, denen es seine Autonomie verdankte. Ausgerechnet die Basis seines modernen Selbstwertgefühls, der Zugewinn an Mündigkeit, den ihm das 18. Jahrhundert beschert hatte, wurde mit Vorliebe bezweifelt. Allemal schlimmer als die Fesseln, die das bürgerliche Freiheitsverlangen abgestreift hatte, erschien plötzlich, was der eigenen Emanzipation geopfert werden mußte. Und so geschah es, daß die Kinder der Aufklärung in ihre Innerlichkeit zurückkrochen, um sich dort für die Begegnung mit den Geheimnissen der Natur zu wappnen. Letztere war freilich im Zeichen ihrer zunehmenden Beherrschung durch den Menschen bereits zur Fiktion, zur Märchenlandschaft geworden. Dramatisiert als Wolfsschlucht, bot sie die adäquate Seelenkulisse für Individuen, die sich wichtiger nahmen als die gesamte Zivilisationsgeschichte und zugleich von einem Gefühl tiefer Demut angesichts der sentimental rekonstruierten Naturgewalten überwältigt werden wollten.

Die Verschränkung von Demutsgebärde und hypostasierter Innerlichkeit ist als Folge politischer Frustrationen zu verstehen. Die im Namen der Aufklärung gegen die alte Feudalordnung angetretene Vernunft hatte sich der rationalisierte Unterdrückungsapparat des absolutistischen Staates zunutze gemacht. Die Emanzipation der Vernunft aus den Fesseln religiöser Bevormundung erschien so im nachhinein zwiespältig. Damit, daß der Mensch sein Schicksal selbst in die Hand genommen und nicht nur seine individuelle, sondern ebenso die gesellschaftliche Entwicklung und damit seine Geschichte zu planen begonnen hatte, war er offenbar über sein Ziel hinausgeschossen. Mit der Wiederentdeckung der „natura naturans", der Natur als lebendiger Einheit, zog sich darum eine vor ihrer eigenen Courage und deren Folgen erschrockene Vernunft selbstkritisch Grenzen, um auf diese Weise anzuerkennen, daß jenseits ihres Wirkungsbereichs eine höhere Schöpfungsmacht walte.

Mit dem romantischen Rekurs auf die geheimnisvolle, von Gott geschaffene, Leben spendende Natur sollte der Aufklärungsphilosophie, die das erkennende Subjekt zum Daseinsgrund der Welt gemacht hatte, widersprochen werden. War es nicht klüger, wenn die menschliche Ratio wieder auf ihre „natürliche" Größe schrumpfen und sich selbst als etwas Geschaffenes erkennen würde? Hatte es doch ganz den Anschein, als versinke die Welt, die die Vernunft ihres Zaubers beraubt hatte, in eine Götterdämmerung. Diese erschien den Romantikern schrecklicher noch als die dunkle Nacht, die einst der Lichtstrahl der Aufklärung erleuchtet hatte. Und so keimte die Frage auf, wozu denn die hypertrophe Machtentfaltung der Vernunft taugt, wenn dadurch die Sinnlosigkeit und Endlichkeit des Menschen nur um so deutlicher zutage tritt?

3

Übertönt wurde diese Frage vom Schnaufen der ersten Eisenbahnen und von lautem Fabriklärm. Der Siegeszug der Wissenschaften nobilitierte mit seiner den Verstand und die Sinne verwirrenden Erfolgsgeschichte den technischen Fortschritt zum wichtigsten Faktor der abendländischen Kulturentwicklung. Daß plötzlich das entzauberte Dasein in der industrialisierten Welt unterm Primat des Fortschritts zum Gegenstand der Bewunderung wurde, führte dazu, sämtliche kulturellen Phänomene einer Neubewertung zu unterziehen, was auf eine umfassende Relativierung der Tradition hinauslief. Die konstitutive Relativität, die dem modernen Fortschritt seit jeher eignet, die Tatsache nämlich, daß jede naturwissenschaftlich-technische Neuentwicklung, so revolutionär sie auch sein mag, sich in kürzester Zeit überlebt, befiel nun auch Kunst, Philosophie und die gesamte Kulturgeschichte. Alles Menschenwerk, das die Geschichte überliefert hatte, wurde nun unter der relativierenden Fragestellung seiner Fortschrittlichkeit bewertet.

Zuvor aber mußte sich das „Neue" als ein dem herkömmlich „Alten" übergeordneter Wert durchsetzen. Sehr früh erkannte Schinkel die Bedeutung des Neuen für die Architektur. Er, der sich während seiner ersten Italienreise kaum für antike Bauwerke interessiert, sie weder vermessen noch sonderlich in seinen Skizzen verwertet hatte, erteilte dem normativen Klassizismus vitruvianischer Prägung eine deutliche Absage. Der Vorbildcharakter der antiken Baukultur für die zeitgenössische Architektur war damit grundsätzlich in Zweifel gezogen. Ein Leben lang gab darum der preußi-

sche Baumeister dem Wunsch, Neues zu schaffen, den Vorzug gegenüber jenen präzisen archäologischen Kenntnissen, die zur gleichen Zeit eine Bildungsautorität wie Alois Hirt den Architekten abverlangte.
Weil sich das Neue in Kunst, Philosophie und Geschichte ebenso wie in den Wissenschaften als ein Wert durchzusetzen begann, der allem eigensinnigen Festhalten am Alten weit überlegen schien, wurde dem Fortschrittsdenken allmählich der Boden bereitet. Von nun an bürgte der Mut zur Innovation für Kreativität und Authentizität in sämtlichen Tätigkeitsfeldern. Zivilisatorische Arbeit wurde im ganzen mit Fortschritt gleichgesetzt, und die Kunst hatte ihr darin zu folgen. Zusammen mit der zunehmenden technischen Bewältigung des Alltags- und Arbeitslebens wurde so die Hoffnung genährt, die abendländische Geschichte sei im ganzen ein Humanisierungsprozeß, eine geradlinige Entwicklung zu einem besseren und gerechteren Leben. Die Zukunft erschien mehr und mehr in optimistischem Licht, und die Verführung, die davon ausging, den technischen Fortschritt auf die gesamte Zivilisationsentwicklung zu projizieren, führte zu einer gewaltigen Abwertung und Relativierung vergangener Kunst und Kultur.
In denkbar kürzester Zeit verblaßte der rund ein Jahrtausend hindurch geltende Vorbildcharakter der Antike. Erst das Jahrhundert der großen Ausgrabungen begrub das alte Rom für immer. Die ästhetischen und intellektuellen Leistungen der Vergangenheit verloren ihre Gültigkeit und ihre Aktualität. Wohl war das Alte weiterhin zu bewundern, doch schob sich der historische Abstand, den die Wissenschaften immer präziser anzugeben wußten, relativierend zwischen die Kulturzeugnisse der Antike und ihre modernen Betrachter. Im Vergangenen, so schön und bemerkenswert es auch sein mochte, wurde nun zunehmend historisch Überwundenes gesehen. Fortan stand es unrettbar antiquiert im Schatten der Werke, die über es hinweggeschritten und fortschrittlicher gewesen waren. Nur das jeweils Neue im Alten, das also, wodurch es sich vom noch Älteren unterschied und abhob, wurde der Erinnerung für wert befunden. Sein Geheimnisvolles und Befremdendes hingegen verleugnete man zugunsten der Aspekte, die an ihm erklärbar schienen. Erklärbar aber war vor allem das, was ein Altes einst zu einem Neuen und damit zum festen Bestandteil der Kulturentwicklung gemacht hatte. So wurde das einst Neue am Alten zur alleinigen Chance seines Überlebens in der Fortschrittsgeschichte der abendländischen Zivilisation.
Dies alles blieb nicht ohne Widerspruch, denn natürlich erstarkte die Kulturkritik in der Moderne und attackierte vehement die Einführung eines

Verfallsdatums der Kunst. Unter den Philosophen war es Martin Heidegger, der am rigorosesten die geschichtsoptimistische Einfalt seiner Zeitgenossen schalt. Den in die nahe Zukunft gerichteten Hoffnungen technik- und wissenschaftsgläubiger Kreise hielt er entgegen, daß es der Anfang der abendländischen Kulturgeschichte war, als in Gestalt der vorsokratischen Philosophie das „gewaltigste und ursprüngliche Denken" in die Welt trat. Für Heidegger war darum der Fortgang der Geschichte nicht gleichzusetzen mit Fortschritt und Entwicklung, sondern mit der allmählichen Verflachung grundlegenden Wissens.

Indessen wird man der Moderne nicht gerecht, wenn man außer acht läßt, daß es ausgerechnet der traditionsfeindlich auftrumpfende Fortschrittsoptimismus gewesen ist, der das Interesse an den frühgeschichtlichen und außereuropäischen Kulturen so außerordentlich forciert hat. Den archaischen und damit „unverbildeten" Epochen der Menschheitsentwicklung waren Züge ablesbar, die das ehrgeizige Streben nach dem Neuen inspirierten. Ihm haftete allein schon deshalb, weil es sich mit aller Gewalt aus dem Kanon der Überlieferungen herausgesprengt hatte, der Charakter jenes Barbarischen an, das man in der Frühgeschichte und bei den Naturvölkern wiederzuerkennen trachtete. Das ganz Alte erschien so authentisch, wie es die avantgardistische Kunst zu sein wünschte. Und so kam es zu explosiven Mischungen, in denen das Mengenverhältnis von alt und neu, aufklärerischer Gesellschaftskritik und romantischer Kulturkritik höchst unterschiedlich ausfallen konnte.

4

Die Architektur war in vorderster Linie daran beteiligt, das Neue und den Fortschritt als leitende Kategorien der Moderne zu etablieren, und wandte sich damit mehr als andere künstlerische Disziplinen gegen die eigene Konstitution. Seit Vitruv hatte unangefochten bis ins 18. Jahrhundert hinein gegolten, daß Architektur auf Schönheit (venustas), Zweckmäßigkeit (utilitas) und Festigkeit (firmitas) gegründet sei. Letzteres erschien dabei als das eigentliche Fundament des Bauens, ohne das Schönes und Nützliches erst gar nicht zustande komme. Da sich überdies mit „firmitas" auch eine moralische Bedeutung verband, die der Standhaftigkeit, war der Architektur von Anfang an die Aufgabe gestellt, gegen den Verschleiß der Zeit Zuverlässigkeit und Haltbarkeit zu behaupten. Um so größere Bedeutung einem Bauwerk zukam, desto mehr schien es für die Ewigkeit gemacht. Den zuweilen chaotischen Zeitläuften standhaft zu widerstehen und späteren Generationen ein Beispiel für Qualität zu geben – darin bestand die Moral traditioneller Baukunst.

In deren Sog erstarrte die Architektur des 19. Jahrhunderts zu einer antiquierten Disziplin, und die Moderne sah sich vor die Notwendigkeit gestellt, einen Paradigmenwechsel zu vollziehen. Auf diese Weise kam es zur Aufwertung der „utilitas", der Funktionalität. Die Moral des Neuen Bauens bestand nicht länger in seiner Standhaftigkeit, sondern darin, daß die Architektur die Zeichen der Zeit erkannte, sich „in Bewegung versetzte" und den neuen sozialen Aufgaben verpflichtete. Vor der Funktionalismusdebatte aber erhitzte zunächst eine ganz andere Frage die Gemüter: ob Architektur eine nachahmende Kunst sei.

Unter Nachahmung verstand man ursprünglich „imitatio naturae" und „imitatio antiquitatis", ohne daß zwischen beidem ein prinzipieller Unterschied gemacht wurde. Zwar konzentrierte sich die Forderung nach einer Nachahmung der antiken Baukultur in der Hauptsache auf die alten Säulenordnungen und die Lehre der richtigen Proportionen. Da aber bis weit ins 16. Jahrhundert hinein arithmetisch fundierten Überlegungen unterstellt wurde, sie korrespondierten der kosmischen Ordnung und folglich den Gesetzen der Natur, schloß die „imitatio antiquitatis" indirekt die Nachahmung der Natur ein. Erst die experimentelle Physik bereitete den kosmischen Zahlenspekulationen der Neuplatoniker ein Ende und entzog so den „Glasperlenspielen" der Renaissance-Architekten die wissenschaftliche Grundlage.

Von da an wurde geflissentlich betont, daß Architektur in erster Linie eine Kopfgeburt sei, ein Artefakt eben, von Menschen geschaffen, ohne Naturvorbild. So argumentierten jedenfalls die Rationalisten und Neoklassizisten. Anders die Romantiker. Sie hatten zwei Optionen: Entweder folgten sie dem Abbé Laugier, dem Anhänger Rousseaus, und erklärten die Architektur zu einer Natur nachahmenden Kunst, die sich auf den Abwegen der Zivilisationsentwicklung in eine verderbliche Künstlichkeit hineinmanövriert hatte. Oder sie stimmten darin überein, daß die Architektur keine nachahmende Disziplin sei. In diesem Fall schien jedoch der Ausschluß des Bauens aus dem Reich der Kunst unabwendbar. August Wilhelm Schlegel legte diese Konsequenz 1801 in seinen Berliner Vorlesungen nahe: „Die Architektur definieren wir als die Kunst schöner Formen an Gegenständen, welche ohne bestimmtes Vorbild in der Natur, frei nach einer eigenen ursprünglichen Idee des menschlichen Geistes entworfen und ausgeführt werden. Da ihre Werke demnach keinen von den großen ewigen Gedanken,

welche die Natur ihren Schöpfungen eindrückt, sichtbar machen, so muß ein menschlicher Gedanke sie bestimmen, d.h. sie müssen auf einen Zweck gerichtet sein." (Forssman 1981,61)
Architektur war für die Romantiker entweder „imitatio naturae" und als solche Kunst, oder aber man glaubte ihr beide Eigenschaften absprechen zu müssen und setzte die von den Enzyklopädisten begonnene Funktionalismusdebatte engagiert fort. Für die Neoklassizisten ergaben sich andere Konsequenzen: Schinkel empfand den Ausweis des Artefakts als höchstes Lob der Architektur. Keine seiner romantischen Landschaftsdarstellungen blieb darum architektonisch unkommentiert. Gerade weil er, der denkende Architekt, im Bauen eine geistige Arbeit sah, beurteilte er seine Tätigkeit als Kunst. Überdies war er bereit, in der zunehmenden Naturbeherrschung den zivilisatorischen Fortschritt seiner Zeit anzuerkennen. Für ihn wurde das Neue zur ästhetischen Leitidee einer Zeit, in der sich die moderne Technikentwicklung den Innovationsgesetzen der industriellen Produktion beugte.
Mit dem Siegeszug des europäischen Neoklassizismus schien die Nachahmungs-Debatte, der Paul Valéry in seinem nach sokratischem Muster angelegten Dialog *Eupalinos* ein modernes Denkmal gesetzt hatte, zunächst entschieden. Zugleich war aber mit der romantischen Entdeckung der Romanik und Gotik eine These in die Welt gesetzt, die sich von denkbar größter Zähigkeit erwies: die These nämlich, daß man es angesichts der mittelalterlichen Baukunst und Stadtplanung mit den funktionalen Zeugnissen einer *organischen* Kultur und Gesellschaft zu tun habe. Das Zauberwort des Organischen, das Kultur und Natur als untrennbare Bestandteile in sich birgt, ist seitdem fester Bestandteil der Moderne und zugleich das Einfallstor romantisierender Kulturkritik in eine Gedankenwelt, die sich in der ausschließlichen Nachfolge der Aufklärung wähnte. Was waren denn die aufgelockerten und durchgrünten Stadtplanungen und Stadtvisionen Tony Garniers, Le Corbusiers und Bruno Tauts anderes als schwärmerische Interpretationen der über die Stationen der neugotischen, der Arts-and-Crafts- und Gartenstadtbewegung sowie des Jugendstils und des Expressionismus mitten ins Herz der Moderne verpflanzten Theorie des Organischen?
Festzuhalten gilt: Während zentrale Gedanken der Aufklärung im Rationalismus Fuß gefaßt hatten, lebte die romantische Kulturkritik im Funktionalismus fort. Das Vorbild der von Gott geschaffenen Natur, das die Organiker dem Bauen anempfahlen, verbanden sie mit der Forderung nach einer konsequenten Funktionalisierung der Architektur. So waren es also die in

Karl Friedrich Schinkel, Ansicht eines Landhauses bei Syrakus (1803/1804)

der Tradition der Romantik stehenden *organischen Funktionalisten*, die das Interesse am Kunstanspruch des Bauens verloren hatten (allerdings meldete sich dieses Interesse im Werk Scharouns, Alvar Aaltos und anderen bald schon wieder mit Wucht zurück). Ihnen ging es in erster Linie um die Heilung der Wunden, die der Zivilisationsprozeß den Individuen schlug. Und wie sie das Vorbild der Natur über die menschliche Ratio stellten, so erhoben sie die Bedürfnisse des Naturwesens Mensch notwendigerweise über die formalen Imperative klassischer Baukunst.

Und die modernen Rationalisten? Sie reagierten auf die Erkenntnis, daß Architektur keine nachahmende Disziplin sei, sondern ein zivilisatorischer Affront *gegen* die Natur, ebenfalls mit der Funktionalisierung des Bauens. Indessen ästhetisch kontrolliert. Der in der Tradition der Aufklärung stehende *funktionale Rationalismus* beharrte weiterhin darauf, daß Architektur Kunst sei. Mit Emphase knüpfte man am normativen Kunstanspruch des Neoklassizismus und damit am letzten erfolgreichen Versuch traditioneller Architekturtheorie an, das Bauen als Kunst zu begründen. Viel zu deutlich sind ja die Spuren des Klassizismus im Werk Otto Wagners, Berlages, Behrens', Perrets, Mies van der Rohes und ebenso beim „Palladianer" Le Corbusier, als daß man ihrer funktionalistischen Selbstinterpretation so ohne weiteres Glauben schenken dürfte.

Die von der Baugeschichte unterdrückte Frage, warum es eigentlich keine romantische Architektur gegeben hat, so wie man von *der* romantischen Literatur, *der* romantischen Musik und *der* romantischen Malerei spricht, macht darauf aufmerksam, daß um 1800 eine neue Ästhetik verhandelt wurde, die eine zweckgerichtete Disziplin wie die Architektur mit Argwohn betrachtete. Die logische Folge, die Architektur aus dem Reich der Kunst auszuschließen, der dann Adolf Loos seinen modernen Segen gab, gehört der Tradition des organischen Funktionalismus an. Behauptete dieser *die ungekünstelte Identität von Funktionalität und Natur*, so intendierte der funktionale Rationalismus *die artifizielle Versöhnung von Form und Zweck*.

5

Hat man sich einmal auf ein dualistisches Schema eingelassen, läßt es einen nicht mehr los. Die Konfrontation von Aufklärung und Romantik zieht alles weitere in ihren Bann: Pseudogeheimnisse enträtseln versus echte Geheimnisse bewahren, Gesellschaftskritik versus Kulturkritik, Kunst versus

Natur – so lauten einige der Paarbeziehungen, von denen ich gesprochen habe. Nun gesellt sich im Übergang zur Architektur eine weitere hinzu: Rationalismus versus Funktionalismus. Immerhin war es der für die moderne Architektutheorie so bedeutsame Adolf Behne, der mit dieser Gegenüberstellung in den zwanziger Jahren für Orientierung sorgen wollte. In seinem Buch *Der moderne Zweckbau* (1923) unternahm er den Versuch, die moderne Architektur mit der Unterscheidung in jenen Funktionalismus, den wir inzwischen als organischen kennengelernt haben, und jenen Rationalismus, den wir funktional nennen, zu analysieren. Interessant an Behnes Versuch ist vor allem dies: Er identifizierte den Rationalismus mit dem Anspruch, gesellschaftliche Fragen dem Individuum und seinen Bedürfnissen überzuordnen, und setzte zudem das, was er unter der Gesetzlichkeit sozialen Zusammenlebens verstand, mit dem Bekenntnis Le Corbusiers zum Formwillen und Kunstcharakter der modernen Architektur in Beziehung. Das (vorgetäuschte) Desinteresse der Funktionalisten an ästhetischen Fragen sah er hingegen als Folge der Tatsache an, daß die Organiker den einzelnen Menschen und seine „natürlichen" Bedürfnisse ins Zentrum ihrer Überlegungen gestellt hatten.

Behne zufolge zielt das Primat des Individuums notwendigerweise darauf ab, den einzelnen Menschen nicht als Gesellschaftswesen, sondern als Naturwesen zu betrachten, als einen komplizierten Organismus, dessen Bedürfnisse durch soziale Beziehungsnetze eher *ver*deckt als *ent*deckt werden. Im Gegensatz hierzu stehe die Betrachtungsweise der Rationalisten. Bei ihnen verschwinde das Individuum in den Kollektiven neuer Arbeits- und Freizeitwelten, worauf ihre Architektur Antworten suche. Das rationalistische Bauwerk sei gerade wegen seiner ästhetischen Ambitionen für die Gestaltung der modernen Umwelt prädestiniert, weil Gesellschaftsformen auf künstlichen Ordnungen beruhten und deshalb in der gleichen Weise Artefakte seien wie die Werke der Architektur. „Form ist eine eminent soziale Angelegenheit", heißt es bei Behne, „wer das Recht der Gesellschaft anerkennt, anerkennt das Recht der Form." (Behne 1964, 59)

In den folgenden Kapiteln diskutiere ich die Selbstkritik der Moderne zunächst am Beispiel der organischen Funktionalisten, die ihre Architekturkollegen für die Entfremdung des Menschen unter dem Diktat der geometrischen Formen sensibilisieren und auf diese Weise das Projekt der Moderne retten wollten. Zu erinnern ist: Die Organiker argumentierten stets in der Perspektive der sozialkritischen Anliegen der modernen Architektur, an deren Formulierung sie von Anfang an mitgearbeitet hatten. Keineswegs wollten sie die moderne Architektur- und Stadtkritik am 19. Jahrhundert, die im Kern Gesellschaftskritik war, revidieren und durch eine konservative, an sozialen Strukturen desinteressierte Kultur- und Technikkritik ersetzen. Behne übersah in seiner Argumentation, daß die Organiker die sozialen Aufgaben des Neuen Bauens durchweg ernst nahmen. Ihre Abneigung galt nicht der modernen Technik und dem Massenwohnungsbau, wohl aber jeglicher Form der Kollektivierung des Menschen und den hieraus abgeleiteten Forderungen nach einer Normierung und Standardisierung der Architektur. Ein größeres Maß an sozialer Phantasie und individuellen Gestaltungsspielräumen war die Zumutung, die der organische Funktionalismus an das Neue Bauen stellte.

Die Verzeitlichung der Architektur

1

Was ist moderne Architektur? Diese Frage zählt trotz des Unmuts derjenigen, die glauben, sie gehöre zum alten Eisen, zu den wichtigen architekturtheoretischen Problemstellungen unserer Tage. Sie ist gewiß nicht damit beantwortet worden, daß die „Postmoderne" das Bild, das die Moderne von sich zeichnete, für bare Münze nahm. Der Einstieg in ein kritisches Verständnis der modernen Architektur darf sich nicht blindlings den Wegmarken ihrer Parteigänger oder Antipoden anvertrauen. Zweierlei muß zur Kenntnis genommen werden: Die modernen Architekten unterlagen nicht selten einer (produktiven) Selbsttäuschung über ihre eigenen Motive, und ihren Entwürfen fehlte ganz offensichtlich die Eindeutigkeit, die sie sich selber andichteten. Wohl fühlte man sich als Teil einer Bewegung und schloß sich zu Gruppen zusammen, in denen weithin Übereinstimmung herrschte, dennoch präsentiert sich die moderne Architektur demjenigen, der sie nicht nur stilsicher einordnen, sondern von Grund auf verstehen will, als äußerst heterogenes Phänomen. Die von den Gegnern bespöttelte Einheitlichkeit der modernen Architektur war ebenso Strategie wie die scheinbare Einigkeit ihrer Protagonisten. Es war die Strategie eines Reformprojekts, das gegen die Mehrzahl der Berufskollegen, gegen zähe Vorurteile und Lebensgewohnheiten, die man für falsch und rückständig hielt, durchgesetzt werden sollte. Hierzu mußte eine aufklärerische Gegenöffentlichkeit erstritten werden, und so wurden in Deutschland Zeitschriften wie „Die Form" und „Das Neue Frankfurt", Schulen wie das Bauhaus und Architektenvereinigungen wie der Werkbund und der Ring gegründet. Und damit nicht genug, schritt man schließlich auch zur Konstituierung eines Länder übergreifenden Zusammenschlusses und rief den Internationalen Kongreß für Neues Bauen (CIAM) ins Leben. Spätestens zu diesem Zeitpunkt zeigte sich, daß hinter den öffentlich verkündeten Übereinstimmungen prinzipielle Uneinigkeit in Grundsatzfragen lauerte.

Eine dieser Grundsatzfragen scheint besonders bemerkenswert und bislang in ihrer vollen Tragweite kaum erfaßt worden zu sein. Gemeint ist die Diskussion der Zeit und insbesondere die Bedeutung „beschleunigter Zeit" für die Architektur, die zweifellos zur Vereinheitlichung der modernen Bewegung beigetragen hat und von Sigfried Giedion in seinem Hauptwerk *Raum, Zeit, Architektur. Die Entstehung einer neuen Tradition* (1941) zum Fundament der modernen Architekturtheorie gemacht wurde. Die zentrale These des Buches kann man durchaus unter dem Begriff der „Verzeitlichung der Architektur" zusammenfassen. Nichts anderes hatte jedenfalls Giedion im Sinn, als er von der „neuen Raumkonzeption" des Bauens sprach, die er als einen Paradigmenwechsel begrüßte, der mit der Tradition der perspektivischen Raumauffassung der Renaissance brach.

In Giedions Deutung resultierte aus diesem Traditionsbruch eine folgenschwere Bedeutungsverschiebung vom Räumlichen zum Zeitlichen, vom Statischen zum Bewegten. Hierbei spielten die Bildenden Künste eine bedeutende Vorreiterrolle, weil sie es waren, die sich zuerst davon lösten, die Welt nur dreidimensional zu sehen. Künstler, welche die Zeichen der Zeit erkannten, waren zu der Einsicht gelangt, daß die klassischen Raumkonzepte nicht mehr zur Beschreibung der modernen Alltagsrealität taugten. Längst hatten sich neue Wahrnehmungsformen durchgesetzt, unter anderem hervorgerufen durch wagemutige architektonische Konstruktionen, die der Industriellen Revolution auf dem Fuß folgten.

„Um die wahre Natur des Raumes zu erfassen", notierte Giedion, „muß der Beschauer sich selbst in ihm bewegen. In den eisernen Wendeltreppen des Eiffelturms ist wohl zuerst rein körperlich das Erlebnis einer Durchdringung von Außen- und Innenraum möglich gewesen."(Giedion 1976,280) Diese Erfahrung korrespondiere wiederum den Erkenntnissen der modernen Physik, die den Raum „als relativ zu einem in Bewegung befindlichen Punkt" ansieht. Genau hierauf reagierten die Kubisten. Sie verneinten die Hierarchie der Blickpunkte, die mit der perspektivischen Darstellung des Raumes einher geht, umkreisten ihre Objekte und betrachteten sie von verschiedenen Standpunkten. Auf diese Weise wurde den drei Dimensionen des Raumes eine vierte, die der Zeit, hinzugefügt. Die Gleichzeitigkeit mehrerer Gesichtswinkel nannte man Simultaneität, und Giedion, dem daran lag, die verborgenen Parallelen zwischen Kunst und Wissenschaft offenzulegen, betonte, auch Einstein habe seine „Elektrodynamik bewegter Körper" mit einer Definition der Simultaneität begonnen. (Giedion 1976,281)

Der Eiffelturm, Fotografie von Sigfried Giedion

Indessen fand die Zeit nicht nur unter dem Gesichtspunkt der Gleichzeitigkeit unterschiedlicher Blickpunkte Eingang in die moderne Kunst. Die moderne Verkehrstechnik machte den Alltag geschwinder, und diese Beschleunigung des Lebens war es in erster Linie, die den Menschen den Einbruch einer neuen temporeichen Zeit zur leibhaftigen Erfahrung machte. Bereits 1844 hatte der Maler William Turner in dem Bild *Regen, Dampf und Geschwindigkeit* mit seinem Konturen verwischenden Stil einen adäquaten bildhaften Ausdruck für die Bewegung einer durch die Landschaft brausenden Eisenbahn gefunden. Den Futuristen wurde gar die Geschwindigkeit zur Losung ihrer Kunst. 1909 verkündete der Dichter Marinetti: „Wir bezeugen, daß die ganze Welt durch eine neue Schönheit bereichert wurde: die Schönheit der Geschwindigkeit." (Giedion 1976,285) Und wiederum erwies sich das Prinzip der Simultaneität als geeignetes Darstellungsmittel der Malerei, indem, wie das Beispiel Marcel Duchamp zeigt, Bewegungsabläufe in einzelne Schritte zerlegt, übereinander geblendet und so in ihrer Gleichzeitigkeit erlebbar wurden.
Der Architekt unter den Futuristen, Antonio Sant'Elia, mußte freilich einen anderen Weg suchen, um die Geschwindigkeit zum Thema seines Idealstadtentwurfs *Città Nuova* machen zu können. Bauwerke, Straßen und Plätze rühren sich nun mal nicht von der Stelle, doch bieten sie natürlich Raum für mannigfaltige Bewegungsabläufe und Verkehrsflächen. Hierauf machte bereits der Werbeprospekt zur amerikanischen Erstausgabe von Giedions *Space, Time and Architecture* aufmerksam, der eine überdimensionierte Autobahnauffahrt zeigte. Freilich befinden wir uns da bereits im Jahre 1941. Sant'Elia, der seine Idealstadt zwischen 1913 und 1914 entwarf, konnte diese Entwicklung nicht voraussehen. Er suchte den Moment der Bewegung in dynamischer Monumentalität zu bannen, mit Strichen, die sich gegenseitig im Schwung der Linienführung durchkreuzen. So verwandelten sich seine Gebäude auf der Suche nach neuen Bautypologien in Apparaturen, die bereits die „Maschinenarchitektur" Jakow Tschernichows antizipieren.
Giedion, der die moderne Architektur nicht durch eine allzu große Nähe zum Futurismus, welcher keinen Hehl aus seiner Sympathie für den Faschismus gemacht hatte, kompromittieren wollte, entdeckte im Kubismus, insbesondere aber in Picassos Bild *Guernica*, die für das Neue Bauen entscheidende ästhetische Interpretation der neuen Zeiterfahrung. Im Bestreben, die Gleichzeitigkeit von Gebäude und Landschaft darzustellen, die er als das Erlebnis einer gegenseitigen Durchdringung von Außen- und Innenraum beschrieb, bewies sich, Giedion zufolge, die Fruchtbarkeit des Kubis-

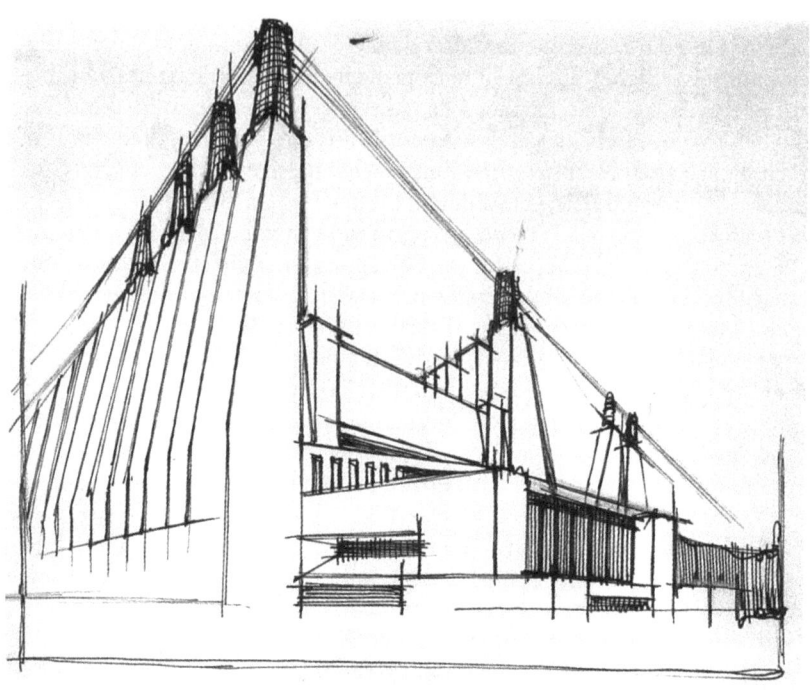

Antonio Sant'Elia, Zeichnung (um 1913)

mus für die Architektur. Es war vor allem das neue Ineinander von Gebautem und Ungebautem, das Verschwimmen unterschiedlicher Gebäudeteile und Blickpunkte durch die großzügige Verwendung von Glasflächen, das ihn dazu ermunterte, von einer neuen Raum-Zeit-Konzeption zu sprechen.

2

Ob nun die Lebensdauer der Architektur zu verkürzen oder das Bauen als Prozeß zu beurteilen war, ob Grundrisse flexibel sein, Gebäude schweben oder mit komplexen Durchdringungen den perspektivischen Raum der Renaissance widerlegen sollten, entscheidend war, daß die Verzeitlichung der Architektur, die Unterwerfung des Statischen, Bleibenden, Räumlichen unter die Herrschaft der fließenden Zeit, der Vergänglichkeit und Geschwindigkeit, an den Grundfesten des traditionellen architektonischen Selbstverständnisses rüttelte. Zu fragen war ja: Ist das Bauen seinem Ursprung und Wesen nach nicht viel eher eine dem Räumlichen verpflichtete Kunst, die es Menschen, Licht und Schatten überläßt, sich zu bewegen, um selbst in stoischer Ruhe der Vergänglichkeit zu trotzen?
Martin Heidegger hat in seiner Vorlesung *Was heißt Denken?* (1951/1952) darauf hingewiesen, daß sich das abendländische Denken bereits sehr früh auf die Charakterisierung des Zeitlichen als des Vergänglichen geeinigt habe, denn selbst die Zukunft, „das Kommende der Zeit, kommt nie, um zu bleiben, sondern um zu gehen". (Heidegger 1992,60) Daß von der Zeit immer nur das „Jetzt" gegenwärtig ist, schildert Heidegger als die große Kränkung, mit der der menschliche Wille zu ringen habe. Zumal dieses „Jetzt" stets flüchtigere Formen annimmt. Hierunter hat die Moderne in besonderer Weise zu leiden. Ist sie doch dem perfiden Widerspruch ausgesetzt, daß sich zwar die Menschen durch den technischen Fortschritt mehr und mehr dazu ermächtigt fühlen, die Welt zu verbessern und ihre Zukunft zu planen, daß ihnen aber die Beschleunigung der Zeit zugleich die Vergänglichkeit des Lebens immer deutlicher vor Augen rückt. Heidegger resümiert: „Daß man heute im Sport mit Zehntel von Sekunden, in der modernen Physik aber mit Millionstel von Sekunden rechnet, heißt nicht, daß wir die Zeit dadurch schärfer fassen und so Zeit gewinnen, sondern dieses Rechnen ist der sicherste Weg, die wesenhafte Zeit zu verlieren, d. h. immer weniger Zeit zu haben." (Heidegger 1992,62)

Die moderne Zeit vergeht immer schneller und treibt dabei das rastlose moderne Subjekt einer Zukunft zu, von der behauptet wird, sie sei humaner und gerechter als die Gegenwart. In höchster Steigerung stellen wir uns diese Zukunft als den Ort vor, den Thomas Morus Utopia nannte. Dort kommt die vorwärtsjagende Zeit endlich zum Stillstand, und alle widerstrebenden Kräfte sind in vollkommene Harmonie gebracht. Die verleugnete Utopie der Moderne, die unter dem Diktat der Zeit steht, ist der Tod. Seine Architektur sind steingewordene Särge. Trügerische Hoffnungen geben uns ein, die stets schneller ausschreitende Zeit und ihr Motor, der Fortschritt, der alle Räume der Ruhe und Besinnung vernichtet und damit das Werk der Baukunst, strebten notwendig dorthin, wo sie sich selber aufheben. Doch wird ja solche Dialektik spätestens dann fragwürdig, wenn es den Menschen nicht mehr gelingt, Visionen einer umfänglichen Korrektur des gesellschaftlichen Lebens zu formulieren. Solches Mißlingen ist nicht erst ein Dilemma unserer Zeit – schon in den späten zwanziger Jahren begann bei einigen Architekten die Begeisterung für die Konzeption moderner Stadt- und Sozialutopien deutlich abzuflauen.

Damals tauchte die Frage auf, ob es richtig war, aus der Not rasanter Vergänglichkeitserfahrungen die Tugend verzeitlichter Architektur zu machen. Insbesondere diejenigen Architekten, die nach dem Ersten Weltkrieg durch den Expressionismus gegangen waren, mochten sich wieder daran erinnern, daß man mit dem Bauen stets das Bleibende – einen Felsen im Fluß der Zeit – verbunden hatte. Inspiriert durch die mittelalterliche Baukunst und durch die Jahrtausende überlebende Ausdrucksgewalt frühzeitlicher Kult- und Grabstätten, hatten sich die expressionistischen Architekten nicht nur als Propheten zukünftigen solidarischen Gemeinschaftslebens verstanden, sondern ebenso als Bewunderer ältester Baukultur, die in ihren schwarzen Kohlezeichnungen eine existenzialistisch eingefärbte Wiedergeburt erfuhr.

Vom Erlebnis des Ersten Weltkriegs geprägt, hatte sich eine zum Pazifismus bekehrte Generation denkender Architekten gegen die zerstörerische Macht der modernen Technik ausgesprochen und die uralte Bestimmung der Baukunst wieder entdeckt. Hans Henny Jahnn, der Schriftsteller, Orgelbauer und selbsternannte Baumeister der Glaubensgemeinde von Ugrino, war der Meinung, die alten Kulturvölker hätten mit ihren Pyramiden, Mausoleen und Tempelbauten die furchtbarste Kränkung aus der Welt schaffen wollen, an der das Menschengeschlecht seit jeher zu tragen hat: daß wir sterblich sind. Versprechen die Religionen ein Weiterleben im Jenseits, demonstrieren die monumentalen, dickleibigen Baudenkmäler der

Vergangenheit, daß die Sterblichen imstande sind, Unsterbliches zu erschaffen.
Als der Schock des Ersten Weltkriegs verblaßte und auf die Architekten in den zwanziger Jahren wichtige Wohnungsbauaufgaben zukamen, machte sich wieder Pragmatismus breit und mit ihm eine andere Anschauung vom Bauen. Konzentration auf das Diesseits und die Verbesserung der realen Welt hatten Konjunktur. Bauwerke sollten nicht länger religiöse Hoffnungen symbolisieren und sakrale Stimmungen hervorrufen, sondern nützlich sein für diejenigen, denen es an menschenwürdigem Wohnraum mangelte. Die Architektur sollte den Schein des Schönen abstreifen und sich in ein nützliches Gebrauchsgut verwandeln. Ihre Verpackung wurde zunehmend unwichtig und damit auch der Versuch des Historismus, der zum Renditeobjekt und zum immer schnelleren Verbrauch verurteilten Baukunst den Abglanz des Ewigen zu verleihen.

3

Den Ehrgeiz der Gründerzeit-Architekten, das dem wirtschaftlichen Nutzen Unterworfene baukünstlerisch zu nobilitieren, verwandelte die Moderne in die Moral einer ungeschminkten Zurschaustellung des Nützlichen. Die eigene Bedeutung sah sie in der „Ehrlichkeit" der Konstruktion, des Materials und in der konsequenten Durchbildung der Funktionen begründet – darin also, daß die Architektur nicht länger mehr scheinen wolle als sein. Mit der Propagierung einer Ästhetik des Nützlichen aber wurde das Bauen unweigerlich in den Fluß der Zeit hineingerissen. Extreme Forderungen gingen dahin, endlich Gebäude zu entwickeln, die sich im Laufe eines Lebensalters verbrauchen, da schließlich jede Generation andere Anforderungen an die Architektur stelle. Also begann man mit demontierbaren Konstruktionen und preisgünstigen Materialien zu experimentieren, produzierte Versuchsbauten aus Eisen und propagierte das Holzhaus.
Indem die Architektur den Aufstand gegen ihre ursprüngliche Konstitution als eine auf Dauer gegründete Disziplin probte, hob sie zugleich die im Tempo neuester Technikentwicklung beschleunigte Zeiterfahrung ins Bewußtsein der Menschen. Erst infolge der mit der Industriellen Revolution erzielten Beschleunigung der Produktionsprozesse und Transportgeschwindigkeiten vermochte die abstrakte, in Stunden und Minuten gemessene Zeit zum allgemeinen Erfahrungsgegenstand zu werden. In den vorangegangenen Epochen hatte die Zeit in der vergleichsweise zäh dahinfließen-

den bäuerlichen und handwerklichen Arbeitsabläufen eine eher rücksichtsvolle, zurückhaltende Autorität bezeugt.
Die Erfahrung der Zeit als beschleunigten Lebenstempos rief nicht bloß Ängste hervor, sondern versprach Fortschritt, Abwechslung, Spaß und Öffnung der Horizonte. Geschwindigkeit befriedigte die Neugier und vermittelte den Individuen das Gefühl, inmitten eines Taumels der Veränderungen am Wandel der Gesellschaft beteiligt zu sein. Hatten zuvor allein die Mächtigen der Welt im Banne ihrer Leidenschaften und Machtgelüste Geschichte geschrieben, wurde nunmehr die Losung ausgegeben, die arbeitende Bevölkerung werde durch ihre Mitarbeit an der technischen und wirtschaftlichen Entwicklung zum Akteur einer sich zunehmend an den Regeln der Vernunft orientierenden Geschichte. Es entstand die faszinierendste Bedrohung des Menschen durch die Zeit im Glauben, man stehe kurz davor, sich einer Macht zu bemächtigen, die gerade mit Hilfe dieser naiven Vorstellung ihre Herrschaft über die Menschen aufgerichtet hatte.
Das Diktat der Zeit, das über Jahrtausende hinweg kaum zu spüren war, wurde erst mit der Industrialisierung zur bitteren Erfahrung. Dreist sprangen die Minuten und Stunden in die Welt und übernahmen die permanente Oberaufsicht über sämtliche Lebensvollzüge. Mit der Herrschaft der Uhr und eines nach ihrem Diktat eingerichteten Arbeitstakts bewahrheitete sich im alltäglichen Leben die Befürchtung des Aristoteles, daß die Zeit ihrem Wesen nach zerstörerisch sei. Das brutalste Antlitz der alles verändernden und zerstörenden Macht der Zeit aber trägt seit jeher der Krieg. In ihm verbrüdert sich die modernste Technikentwicklung dem Ziel der Feindvernichtung. Waffen sind geschwinder als flüchtende Menschen und am Ende auch stärker als die monumentalste Trutzburg.
Bauwerke zerstören heißt, einer antizivilisatorischen Wut freien Lauf zu lassen. Hiervon berichtet schon die Odyssee. Doch zeigt uns ja die Belagerung Trojas durch die Griechen zweierlei: Zum einen besingt Homer den Untergang einer bewunderungswürdigen städtischen Kultur, die einem kriegerischen Volk von Ziegenhirten zum Opfer fällt; und zum anderen zeichnen sich die Angreifer gerade durch ihren Affront gegen eine höher entwickelte Zivilisation aus, der schon der Verdacht der Dekadenz anhaftet. In Homers Gesängen deutet sich bereits jene Kulturkritik an, die seit Rousseau das Abendland in Atem hält. Die Griechen werden gerade wegen ihrer zivilisatorischen Primitivität geadelt und moralisch ins Recht gesetzt. Und weil dies so ist, lassen ihnen die olympischen Gottheiten den faulen Zauber mit dem trojanischen Pferd durchgehen.

„Aber die anderen, geführt vom hochberühmten Odysseus,
Saßen, von Troern umringt, im Bauche des hölzernen Rosses,
Welches die Troer selbst in die Burg von Ilion zogen.
Allda stand nun das Roß, und ringsum saßen die Feinde,
Hin und her ratschlagend. Sie waren dreifacher Meinung:
Diese, das hohle Gebäude mit grausamem Erze zu spalten;
Jene, es hoch auf den Felsen zu ziehn und herunter zu schmettern;
Andre, es einzuweihn zum Sühnungsopfer der Götter.
Und der letzteren Rat war bestimmt, erfüllt zu werden.
Denn das Schicksal beschloß Verderben, wann Troja das große
Hölzerne Roß aufnähme, worin die tapfersten Griechen
Alle saßen und Tod und Verderben gen Ilion brachten."
(Homer 1971,548/549)

Das trojanische Pferd bietet das spektakuläre Beispiel einer temporären Architektur in Gestalt des schnellsten Transportmittels der Antike. Ausgerechnet dieses hohle Objekt aus Fichtenholz, dessen Funktion die Trojaner nicht zu deuten wußten, half ihre steinerne, dem zehnjährigen Ansturm der Griechen trotzende Stadt zu zerstören. Den Griechen war die Zeit vor Troja buchstäblich zu lang geworden, und so sannen sie auf eine Beschleunigung ihres Eroberungsfeldzugs, auf eine neue Strategie, die monumentalen Befestigungsanlagen des Feindes erstürmen zu können. Auch wenn es sich beim Trojanischen Pferd in Wahrheit um einen Holzturm auf Rädern gehandelt haben sollte, der zum Schutz gegen Feuerpfeile mit nassen Tierhäuten bespannt war – Tatsache ist: Den Sieg über die mächtigen Stadtmauern und Wehrtürme der Trojaner machte erst eine andere Auffassung vom Bauen möglich. Geschlagen geben mußte sich eine hochentwickelte urbane Zivilisation, die der Konstruktion und dem kriegerischen Einsatz einer archaisch mobilen Architektur zum Opfer fiel. Die Griechen, ein Volk von Piraten, hatten ihre holztechnischen Kenntnisse aus dem Schiffbau genutzt, um die grandiose Festungsbaukunst der Trojaner zu überlisten. Urheber dieses Plans war Odysseus, der antike Vorfahr Buckminster Fullers.

4

Die moderne Architektur sah sich dem historischen Auftrag konfrontiert, das Festungswerk der traditionellen Baukultur zu überwinden und für das

Primat der Zeit zu optieren. Infolgedessen waren die Grundlagen der Architektur neu zu bestimmen. Aus einer auf Dauer und Beständigkeit zielenden Kunst wurde eine Geschwindigkeit und Fortschritt reflektierende Disziplin. Der Faktor Zeit sollte von jetzt an als eine gegen die Tradition gerichtete und von der technischen Entwicklung getriebene Kraft akzeptiert, gefeiert und im Bauen berücksichtigt werden. Die alte Baukunst hatte über Jahrtausende hinweg die Vergänglichkeit des Lebens transzendieren wollen. Standen der architektonische Raum als Artefakt und die Zeit als Naturgewalt einander gegenüber, propagierte die Moderne eine radikale Umkehrung. Nunmehr wurde die traditionelle Betonung des Räumlichen in der Architektur und dessen artifizielle „Versteinerung" als Landschaft wahrgenommen, als Produkt der Naturgeschichte. Die beschleunigte Zeit hingegen erklärte man zur Initialzündung der modernen Zivilisation. Einer Zivilisation, von der man annahm, sie ermögliche die Versöhnung von Mensch und Natur.

Daß Architektur von Anfang an den Auftrag hatte, das von Angst und Schrecken geprägte Verhältnis des Menschen zu einer mythischen, von Ungeheuern und Dämonen bevölkerten Umwelt in ein produktives Miteinander zu verwandeln, in eine Form der Naturbeherrschung, die Steppen, Sümpfe und Urwälder in Kulturlandschaften verwandelt, wurde von den modernen Architekten keineswegs bezweifelt. Doch war man davon überzeugt, daß erst mit der Industrialisierung die Versöhnung von Mensch und Natur im Zeichen einer sozialen Gesellschaft zur Tatsache werden könne. Diese Überzeugung war freilich von der Erfahrung des Ersten Weltkriegs überschattet worden.

Als zudem die Aufbruchsstimmung in den zwanziger Jahren durch die wirtschaftliche Depression gedämpft wurde und die ehrgeizigen Wohnungsbauprogramme der Weimarer Republik zum Stillstand kamen, verstummte der Siegesgesang einer blind auf den Fortschritt vertrauenden Moderne. Und er verstummte nicht nur bei denen, die schon immer skeptisch gewesen waren und deshalb am Rande der Bewegung verharrt hatten; auch einige der Architekten, die im Zentrum des Neuen Bauens standen, begannen dem technischen Fortschritt zu mißtrauen und übten Selbstkritik. Leider blieben sie nahezu ungehört, zumal sie sich in den politischen Wirren der dreißiger Jahre und als Verfolgte des Nazi-Terrors in alle Welt verstreuten.

Nach der propagandistischen Identifikation der modernen Architektur mit dem *International Style* und dessen Verflachung zum Bauwirtschaftsfunktionalismus verkannte sich die sogenannte Postmoderne als exklusive

Kritik der Moderne. Ohne die Verdienste „postmoderner" Architekten in Abrede stellen zu wollen, bin ich doch der Meinung, daß sie nahezu in allen Aspekten nur die Fäden aufnahmen, die schon von ihren modernen Vorgängern gesponnen wurden. Es waren bereits die Nachdenklichen und Introvertierten der modernen Bewegung gewesen, die ihr romantisches Erbe stark gemacht, die Verzeitlichung der Architektur in Wohnvorgänge aufgelöst und die Berücksichtigung regionaler Bautraditionen und Baumaterialien durchgesetzt hatten. Ihre Bestrebungen trugen zusammen mit dem Versuch einer Intellektualisierung der Architektur zur modernen Selbstkritik bei. Ich meine daher, daß wir die Frage, was moderne Architektur war und ist, nur dann beantworten können, wenn wir diese Selbstkritik endlich vollständig in den Blick bekommen und zu würdigen wissen.

Fisch und Frosch

1

In einem Brief vom 3. Februar 1929 an Sigfried Giedion schreibt Le Corbusier, er habe einen Sonntag am Genfer See dazu genutzt, die Reinschrift der Statuten des im Vorjahr in La Sarraz gegründeten CIAM anzufertigen. Giedion solle sie an die Länderdelegierten weitergeben, damit endlich die nationalen Sektionen gebildet werden können. Der Brief ist ein wichtiges Dokument aus der Gründungsphase des CIAM. Auf dessen linkem unteren Rand findet sich eine kleine Skizze, die unser besonderes Interesse weckt. Zu sehen ist ein Fisch mit Heiligenschein und Regenschirm. Daneben steht: „Hareng retourne à Berlin" – Hering kehrt nach Berlin zurück. (Kremer 1984,33) Gemeint ist Hugo Häring, der damals bedeutendste Verfechter des organischen Bauens und Geschäftsführer der Berliner Architektenvereinigung „Der Ring", in dem von 1926 bis 1933 nahezu die gesamte deutsche Architekten-Avantgarde organisiert war.

Die Skizze ist eine Karikatur, und sie ist keineswegs freundlich gemeint. Le Corbusier zeichnet Häring nicht nur als kleinen Fisch, er schreibt auch „Hareng" – vermutlich um keinen Zweifel daran aufkommen zu lassen, daß dieser Architekt aus Berlin für ihn ein Niemand ist und es zudem als Organiker verdient hat, in ein geistloses Naturwesen verhext zu werden. Die Verwandlung gelingt allerdings nicht ganz. Der Regenschirm unter der Flosse signalisiert: Dieses Wesen scheut das Element, dem es entstammt; und obgleich zur Stummheit verurteilt, steht sein Maul weit offen, was soviel heißen soll wie: Schaut, da kehrt er nun plärrend heim in die deutsche Hauptstadt, dieser komische Heilige, der uns in La Sarraz so furchtbar auf die Nerven ging, und ist doch nur ein lächerlicher Fisch, dem es niemals gelingen wird, unsere Kreise zu stören.

Le Corbusier durfte sicher sein, daß seine Zeichnung Giedion amüsieren würde, denn der Generalsekretär des CIAM war ebenfalls gegen Häring eingenommen. Wollte er ihn doch zum zweiten Kongreß nach Frankfurt erst gar nicht mehr einladen. Was war geschehen? Le Corbusier und Giedion wünschten die Architekten, die regelmäßig zu den Internationalen

Brief von Le Corbusier an Giedion vom 3. Februar 1929

Kongressen für Neues Bauen zusammenkommen sollten, selber auszuwählen. Der CIAM sollte keine Massenveranstaltung sein, sondern ein kleiner, elitärer Zirkel von Kollegen, die sich auf die Thesen einschwören lassen würden, die Le Corbusier in *Vers une architecture* (1922) formuliert hatte. Häring war damit überhaupt nicht einverstanden. Er vertrat die Auffassung, daß der CIAM so viele Mitstreiter wie möglich gewinnen sollte, und er war außerdem der Meinung, daß es die Mitglieder einer fortschrittlichen Vereinigung selbst zu entscheiden hätten, wer und wieviele aus den eigenen Reihen zu den Kongressen geschickt werden dürften.
Der Konflikt war vorprogrammiert. Immerhin war ja damit zu rechnen, daß die Ring-Architekten dafür votieren würden, stets auch ihren Geschäftsführer zum Delegierten zu machen, wobei es Le Corbusier jedesmal mit dem streitlustigen Häring zu tun gehabt hätte, der das Meinungsmonopol des Wahlfranzosen attackieren und für den organischen Baugedanken Partei ergreifen wollte. Gleich bei der Gründungsversammlung des CIAM gerieten die beiden aneinander. Leider waren zu wenige Delegierte bereit, die Diskussion um den Vorrang einer einheitlichen oder einer pluralistischen Architekturauffassung innerhalb der modernen Bewegung zu führen. So wurde die große Chance vertan, die moderne Architektur international als das zu etablieren, was sie neben aller dogmatischen Zuspitzung immer *auch* gewesen ist: ein Projekt, das nicht zuletzt durch die Vielfalt origineller Konzepte, die Fähigkeit zur Selbstkritik und Kurskorrektur beeindruckt.
Was sich zum produktiven Grundsatzstreit der modernen Architektur hätte auswachsen können, versandete in persönlichen Auseinandersetzungen. Die große Herausforderung, die darin liegt zu erkennen, was es denn bedeutet, daß sich der organische Baugedanke mitten im Zentrum der modernen Bewegung entwickelt hatte, wurde damals nicht erkannt. Hieran war Häring, der Philosoph unter den deutschen Architekten, der mit Gut Garkau ein vorbildlich funktionalistisches Bauwerk geschaffen hatte, nicht gerade unschuldig. Im Bewußtsein seiner großen intellektuellen und entwerferischen Fähigkeiten trat er in La Sarraz allzu selbstbewußt auf, was ihm als Überheblichkeit ausgelegt wurde. Für Le Corbusier und Giedion stand jedenfalls fest, daß man mit Häring nichts mehr zu tun haben wollte. Gropius sollte ständiger Delegierter der deutschen Sektion werden. Doch der hielt dies für falsch. In einem Brief an Giedion schrieb er: „Ich möchte Ihnen in aller Freundschaft raten, dafür zu sorgen, daß Häring nicht ausgeschaltet wird. Ich kenne seine persönlichen Schwierigkeiten und seine etwas oberlehrerhafte Düsterkeit genau, trotzdem schätze ich ihn sehr hoch,

Hugo Häring, Gut Garkau (1924/1925)

weil er wirklich sachlich arbeitet, und das ist für uns das Wichtigste." (Kremer 1984,31)
Die Warnung fruchtete nichts. 1930 wurde in Brüssel beschlossen, daß die von den Ländern nominierten Delegierten vom Kongreß zu bestätigen sind. Mit „oberlehrerhafter Düsterkeit" mußte man sich nun nicht länger abgeben, die Zukunft der Architektur konnte in hellstem Licht erstrahlen. Das Urteil über Häring war gefällt: Im CIAM war für ihn kein Platz mehr. Und zwar für immer! Denn als die modernen Architekten, die im Nazi-Deutschland überwintert hatten, nach 1945 wieder in den CIAM zurückkehren wollten, schrieb Giedion an den Initiator Richard Döcker, es gehöre jetzt zu dessen Pflicht, mit einer sauberen Liste und jedenfalls ohne Häring nach London zu kommen. Wörtlich: Sie werden „Corbusier nicht auf einer Zusammenkunft erwarten dürfen, an der Häring teilnimmt". (Durth 1986,429)

2

Le Corbusiers Karikatur hatte triumphiert, der Widersacher war unterlegen. Doch wußte Häring sich zu rächen: Er begann die vielleicht originellste europäische Kulturgeschichte zu konzipieren, die wir aus der Hand eines Architekten kennen. Dort drehte er den Spieß um: Hatte man ihn aus dem CIAM gedrängt, dann sollte in seinen historischen Betrachtungen für einen Le Corbusier nur mehr ein zweifelhafter Platz reserviert sein. Und so entschied er an seinem Schreibtisch den Richtungsstreit innerhalb der modernen Bewegung für sich und für das organische Bauen. Aber man mußte schon aufmerksamer Leser der „Bauwelt", der „Deutschen Bauzeitung" oder der Werkbund-Zeitschrift „Die Form" sein, um in den dreißiger Jahren Zeuge seiner intelligenten Ketzerei zu werden. Häring trat mit keinem Paukenschlag vor die Öffentlichkeit, er schrieb kein Manifest, und sein feinsinniger Intellekt versagte sich auch dem Versuch, die programmatischen Buchpublikationen der Moderne um eine weitere Polemik zu ergänzen. Als er 1958 starb, hinterließ er mehrere Buchentwürfe, die allesamt Fragment geblieben waren. Sie haben seine Zeitgenossen nicht mehr erreicht, sondern wurden für die Nachwelt in einer fest verschlossenen Flaschenpost aufgegeben.
Ausgehend von der These der anatomischen Primitivität des Menschen, die diesen dazu zwinge, seine wenig spezialisierten natürlichen Organe durch Werkzeuge, Maschinen, Beförderungsmittel und Bauwerke aller

Art zu ergänzen, interpretiert Häring sämtliche Hilfsmittel und Apparaturen, die zur Bewältigung des Alltags erfunden wurden, als künstliche Organe des Menschen. Um diese „Außenorgane" bzw. „Prothesen" auf hohem technischen Niveau entwickeln zu können, war ein Prozeß vonnöten, der im mathematischen Denken der Griechen seinen Anfang nahm und allmählich jene Abstraktionsbasis aufbauen half, auf der die moderne Technik wissenschaftlich fußt.

In Form von These, Antithese, Synthese unterscheidet Häring drei Zeitalter: erstens die Frühgeschichte der Menschheit, in der ein magisches, im Banne der Natur stehendes Technikverständnis vorgeherrscht habe; zweitens das Zeitalter der geometrischen Kulturen, in denen mit Hilfe einer rationalen Mathematik das wissenschaftliche Fundament für die moderne Technik gelegt worden sei, und drittens das anbrechende Zeitalter der organischen Kulturen, in dem sich die Völker allmählich darauf besinnen werden, daß die naturwissenschaftlich begründete Hochtechnologie zu ihrer Vervollkommnung nicht anders als die magische Technik „organhaft" zu gestalten sei. Die Chance schien greifbar nahe, die Naturnähe und Intuition prähistorischer Kulturen mit jener Verstandeskälte zu versöhnen, die seit der Antike den Prozeß der okzidentalen Zivilisation prägt.

Von den Architekten forderte Häring, den Siegeszug des organischen Bauens in die Wege zu leiten. Er brachte dies auf die kurze Formel: Das Bauen habe wieder an die Stelle der Architektur zu treten. Gebäuden, denen eine geometrische Form von außen aufgezwungen wurde, zählte er zur Architektur. Und als prominentesten Vertreter dieser fehlgeleiteten Entwicklung denunzierte er – bis ihm das Erlebnis Ronchamp zuteil wurde – Le Corbusier. Eine von innen nach außen sich entfaltende, organische Gestaltung definierte er dagegen als Bauen, und zunehmend schien ihm hierfür Scharoun der wichtigste Gewährsmann zu sein.

So unabdingbar das geometrische Zeitalter für den Fortschritt der Kulturgeschichte auch war, Häring enträtselte es zugleich als unheilvollen Nährboden moderner Entfremdungsprozesse. Diese registrierte er in seiner Stilgeschichte als Verselbständigung und Verabsolutierung des rechten Winkels. Daß die antike Geometrie das „Gestaltvorbild" der lebendigen Natur ersetzte, wollte er durchaus als notwendige Phase der Menschheitsentwicklung gelten lassen. Daß aber der Architektur nach dem Diktat Le Corbusiers und der „Lehre Roms" für alle Zeit rationale Formen aufgenötigt werden sollten, geißelte er als die in der Moderne fortwährende skandalöse Erbschaft der geometrischen Kulturen.

3

Betrachten wir nun ein „Dokument", das uns eine ganz andere Welt eröffnet (und doch gibt es gewisse Ähnlichkeiten mit Le Corbusiers Brief). Wiederum handelt es sich um eine Zeichnung und einen Text. Die Zeichnung ist allerdings keine flüchtige Skizze, sondern ein kleines japanisches Kunstwerk, und gleiches gilt für den Text: ein Haiku, die kürzeste Gedichtform, die wir in der Weltliteratur kennen – nur siebzehn Silben lang. Ins Deutsche übertragen steht dort sinngemäß:

Wäre da ein Teich,
ich spränge hinein
und ließe Basho hören.

Gedicht und Zeichnung wurden von Sengai, einem japanischen Zen-Meister, angefertigt, der von 1750 bis 1837 lebte und als Maler, Kalligraph und Dichter berühmt wurde. Mit Pinsel und Tusche schrieb er das Haiku und malte dazu eine Pflanze, unter der ein dicker Frosch kauert. Die Interpretation wird uns zeigen, Zeichnung und Text tragen auch bei Sengai karikierenden Charakter, doch im Unterschied zu Le Corbusiers hämischem Kommentar beabsichtigte der Japaner eine von stiller Ironie und großer Verehrung getragene Anspielung auf den Dichter Basho. Dieser hatte im 17. Jahrhundert die moderne Haiku-Schule begründet, indem er das folgende Gedicht schrieb, das, wie es heißt, zum entscheidenden Wendepunkt dieser Kunstform führte:

Der alte Teich, ah!
Ein Frosch springt hinein –
Der Laut des Wassers.

Vor Basho, schreibt der bedeutende japanische Philosoph und buddhistische Gelehrte Daisetz T. Suzuki, war ein Haiku kaum mehr als eine Wortspielerei, mit diesem Gedicht über den alten Teich aber soll sich das schlagartig geändert haben, und dazu sei es wie folgt gekommen: Ein Zen-Meister besuchte Basho und fragte nach seinem Befinden. Der antwortete: „Nachdem es jüngst regnete, ist das Moos grüner denn je." Darauf der andere: „Wie steht es um den Buddhismus noch vor dem Grünerwerden des Mooses?" Womit er sagen wollte: Mache mal die philosophische Probe auf dein stimmungsvolles Naturbild und frage dich, was außerhalb von Zeit

Sengai, Bananenpflanze und Frosch

und menschlicher Erfahrung der Grund aller Dinge ist. Und Basho rief: „Ein Frosch springt ins Wasser; horch, der Laut!" (Suzuki 1958,66 ff) Für diese Antwort und das aus ihr entstandene Gedicht bietet Suzuki die folgende Deutung an: Was christliche Mystiker „Gott in einem Floh als Floh sehen" nennen würden, hat Basho im Geräusch des Wassers entdeckt, als der Frosch hineinsprang. „Er hörte diesen Laut vom Teich her als etwas, von dem das ganze Universum erfüllt ist. Nicht nur die gesamte Welt wurde von diesem Laut verschluckt, sondern auch Basho selbst wurde gleichsam aus seinem Bewußtsein gelöscht. Subjekt und Objekt stehen einander nicht mehr gegenüber und bedingen einander nicht gegenseitig. Doch ist das kein Zustand vollkommenen Erlöschens. Basho war da, der alte Teich war da und alles übrige auch. Doch Basho war nicht mehr der alte Basho. Er war auferstanden. Er war ‚Der Laut' oder ‚Das Wort', das schon war, als Himmel und Erde noch nicht geschieden waren." (Suzuki 1958,56/57)

Was uns in der japanischen Dicht- und Malkunst als scheinbar absichtslose Schilderung eines stimmungsvollen Augenblicks begegnet, ist von der Idee durchdrungen, daß die anscheinend einfachsten Dinge und alltäglichen Begebenheiten zugleich innerhalb und außerhalb des erkennenden Bewußtseins existieren. Daß ein Frosch ein Frosch ist *und* kein Frosch ist, ist in aller Kürze die paradoxe Botschaft des Zen-Buddhismus, der laut Suzuki die gesamte traditionelle japanische Kunst durchdrang – Lyrik, Malerei, Schauspiel und ebenso Garten- und Baukunst.

Glücklicherweise ist es nun keineswegs so, daß wir – wie uns manche Ideologen fernöstlicher Weisheitslehren einreden möchten – erst selber zu Buddhisten werden müssen, um den Gehalt und die Ästhetik japanischer Kulturerzeugnisse würdigen zu können. Das westliche Denken darf für sich beanspruchen, immer wieder selbstkritisch die Trennung des Menschen in ein Naturwesen und reflektierendes Subjekt, die das fernöstliche Denken verneint, hinterfragt zu haben. In unserer Zeit bietet für diesen fundamentalen Selbstzweifel die *Neue Phänomenologie* des Kieler Philosophen Hermann Schmitz, der das Denken wieder tiefer in der Lebenserfahrung verankern möchte, ein Beispiel. Freilich hat der Buddhismus für die Selbstzweifel der westlichen Philosophie stets eine inspirierende Rolle gespielt.

Zu erinnern ist ebenfalls daran, daß es als Brücke beider Kulturkreise keineswegs nur den an der Oberfläche der Erscheinungen kratzenden Japonismus westlicher Kunst gegeben hat. Frank Lloyd Wright, der sich der kulturellen Invasion, die Japan seit der Meiji-Restauration erlitt, bewußt war,

hat mit seinem Entwurf für das Imperial-Hotel in Tokyo (1914-1921) ein Beispiel geben wollen, daß japanische Bautradition und moderne Architektur miteinander harmonieren können. Und es war Adolf Loos, der die Verwandtschaft modernen und japanischen Bauens auf die prägnante Formel brachte: „das Haus der Zukunft ist aus Holz! Wie die kleinen japanischen Häuser. Es hat verschiebbare Wände! Moderne Architektur ist: japanische Kultur plus europäische Tradition!" (Kirsch 1996,10) (Als Sechzigjähriger sprach er's aus, im Jahre 1930, als die Generation der Söhne mit Hugo Häring den größten Bewunderer und Kenner fernöstlicher Philosophie und Kultur aus dem CIAM hinauswarf...)
Es werden dennoch einige behaupten wollen, den Protagonisten der modernen Architektur könne man wohl kaum eine gesteigerte Sensibilität für die Wesensunterschiede okzidentaler und japanischer Kultur unterstellen. Zumindest die Universalisierungsstrategen und Propagandisten des *International Style* waren doch – ob sie es nun wußten oder nicht – Agenten weltweiter Modernisierungsprozesse im Namen des Kapitals. Gehörte nicht die Verleugnung kultureller Unterschiede und alter Bautraditionen zu ihrem ureigenen Programm?
Ja und nein, denn es regte sich auch Widerspruch. Daß die Vielfalt traditioneller Baukulturen durch eine international vereinheitlichte Architektur zu ersetzen sei, wurde von Mitgliedern des linken wie des bürgerlichen Lagers der modernen Bewegung angezweifelt. Zu letzteren zähle ich die organischen Funktionalisten Häring und Scharoun und zur Linken diejenigen Architekten, die am Ende der Weimarer Republik in die Sowjetunion emigrierten. Unter ihnen Bruno Taut.

4

Auch Taut stand in grundsätzlicher Opposition zum CIAM, dessen Mitglieder er der Reduktion des Funktionalismus auf einen geistlosen Utilitarismus bezichtigte. Schon seine Arbeit als Siedlungsarchitekt in Berlin hatte dem Projekt der Versöhnung des Nützlichen mit dem Schönen in volkstümlichen Formen gegolten. Taut war der Ansicht, daß die künftige Architektur ihren Prinzipien nach international, in ihren Formen aber national sein sollte: geprägt vom Klima, von den örtlichen Baumaterialien und kulturellen Traditionen eines Landes. Im revolutionären Rußland hoffte er, daß sich sein Jugendtraum einer solidarischen Gesellschaft erfüllen werde und mit einer Architektur verbinden lasse, die eine national gefärbte Synthese von Funktionalität und Ästhetik anstrebt. Doch mußte er die bittere Erfahrung machen, daß die Völker der Sowjetunion offenbar durch keine ihrer Bautraditionen dazu befähigt waren, den Aufbau des Sozialismus mit der Sachlichkeit moderner Architektur zu verbinden.

Voller Interesse nahm darum Taut eine Einladung nach Japan an, die von dem Architekten Isaburo Ueno ausging, der in Wien bei Josef Hoffmann studiert hatte. Soviel wußte Taut: Das traditionelle japanische Bauen bevorzugte zweckmäßige und einfache Formen und verfuhr sparsam mit dekorativen Elementen. Man konnte durchaus der Meinung sein, im fernen Osten sei der Boden für die neue Bauentwicklung bestens bereitet. Und tatsächlich scheint Taut Japan für das aussichtsreichste Land einer nationalen Weiterentwicklung der modernen Formensprache gehalten zu haben.

Er nahm sich jedenfalls Zeit, dies zu prüfen. Vom Mai 1933 bis zum Herbst 1936, über drei Jahre also, blieb Taut als Emigrant in Japan und studierte Land und Leute auf mehreren Reisen. Zusammen mit seiner Frau hatte er sich in ein traditionelles japanisches Holzhaus einquartiert, denn er wollte „zuerst das ganz gewöhnliche, echt japanische Leben kennenlernen, um danach um so besser die Höchstleistungen japanischer Kultur zu verstehen". (Taut 1998,1) In seinem großartigen Buch *Houses and People of Japan* hat Taut sein Domizil mit dem hübschen Namen „Herzensreinigung" und das Leben darin ausführlich beschrieben. Neugierig und zunehmend überzeugt fügte er sich einer die europäischen Gewohnheiten entschieden verändernden Wohnform und zeichnete daraufhin ein überaus positives Bild von der japanischen Architektur, dabei großzügig über die Staub- und Geruchsentwicklung (Plumpsklo!) und ebenso über die Winterkälte hinwegsehend, die ab November ungehindert ins Innere der Häuser kroch. Wie ein Organiker betonte Taut die große Funktionalität von Häusern, deren Grundriß von innen nach außen entwickelt wird, und zeigte sich ebenfalls davon angetan, daß ein Bauherr aufgrund der Tatsache, daß die Maße der Tatami-Matten alle Längen und Breiten und infolgedessen auch die Raumformen und Grundrißproportionen der japanischen Architektur bestimmen, sein Haus weitgehend ohne Architekten in direkter Absprache mit dem Zimmermann planen könne. „Er kann ganz seinen individuellen Neigungen folgen und improvisieren, da er sicher ist, daß infolge der unbedingt bindenden Mattenform keine grobe Geschmacklosigkeit entstehen kann." (Taut 1998,29) Der berühmte Architekt aus Deutschland, der nach Japan geholt wurde, um dort die moderne Bewegung zu unterstützen, mußte feststellen: Das traditionelle japanische Haus ist vollkommen und ein Meisterwerk der Präzision, „dem altgriechischen Tempel mit der Korrekt-

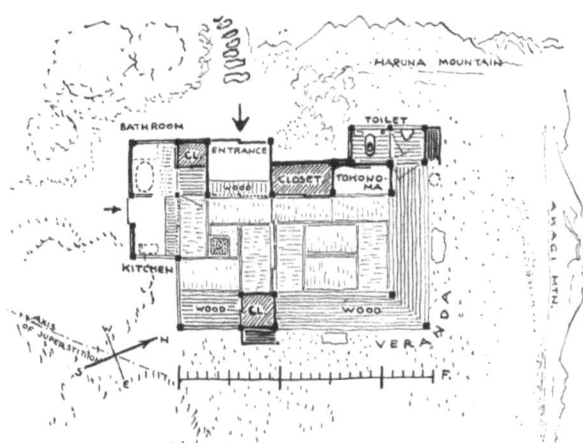

Bruno Taut,
Plan des Hauses
„Herzensreinigung"

Bruno Tauts Haus
„Herzensreinigung"
in Shorin-san, Japan

heit seiner Profile, der Genauigkeit seiner Marmorfugen und seiner sonstigen ästhetischen Verfeinerung vergleichbar". (Taut 1998,33)
Die Leichtigkeit der Holzkonstruktion, die Möglichkeiten der Standardisierung, die das japanische Haus bietet, sodann die außerordentliche Raumökonomie, bedingt durch schmale Wände, Schiebetüren, Wandschränke und den weitgehenden Verzicht auf Möbel, die vom Klima erzwungene Transparenz und Öffnung des Hauses zum Garten hin, die materialgerechte Bauweise und ein nahezu völlig auf die Material- und Farbwahl reduziertes Dekor – all dies übte große Wirkung auf Taut aus. Es war gerade so, als seien zentrale Anliegen der modernen Architektur im traditionellen japanischen Bauen vorweggenommen worden. Ein besonders eindrucksvoller Beweis schien dafür gefunden, „wie der menschliche Geist unter allen noch so verschiedenartigen Voraussetzungen logisch und vernünftig arbeitet, daß es also ein und derselbe Geist ist, dessen verschiedene Resultate nur eine Folge der verschiedenartigen Voraussetzungen ist". (Taut 1998,37)

5

Die unterschiedlichen Voraussetzungen der Kulturen brachte Taut in erster Linie mit dem Klima in Verbindung. In der jeweiligen Eigenart des Wetters sah er die Hauptursache kultureller Besonderheit. In allen Menschen waltet ja, wie er nicht müde wurde zu betonen, „ein und dieselbe Vernunft". Sie kann also nicht der Grund dafür sein, daß der Reisende überall auf der Welt auf völlig unterschiedliche Bau- und Lebensweisen trifft. Taut begann daher, Beobachtungen über die unterschiedlichen Auswirkungen des Klimas auf das menschliche Handeln anzustellen, und verglich das Klima der Gegend von Tokyo mit dem der Balearen, die sich auf demselben Breitengrad befinden. Dennoch: „Alles ist total anders. Mauern von einer Dicke bis zu 80 cm gegenüber dem japanischen Fehlen jeder Mauer, Fenster von äußerster Kleinheit gegenüber dem völlig geöffneten japanischen Hause, innen weiße Kalktünche gegenüber den Naturtönen des Holzes, der Matten, des natürlichen Erdputzes; außen höchstens am Eingang ein Schattendach, sonst aber sind die Häuser weiße Würfel mit Lehmdecke als flachem Dach, ohne jeden Sonnen- und Regenschutz. Gegenüber Japan sind es gebaute Höhlen." (Taut 1998,67)
Als Grund dieser gegensätzlichen Entwicklungen führte Taut den gewaltigen Klimaunterschied an, der den Balearen trockene Hitze am Tag und Abkühlung in der Nacht beschert, während die Japaner im Sommer tagsüber

und nachts unter sehr feuchter Hitze leiden. Diese zwinge sie dazu, ihre Häuser für jede Luftbewegung durchlässig zu halten, sonst bilde sich Schimmel sogar in den Büchern. Taut hatte während seines Japanaufenthaltes eine Ahnung davon bekommen, daß es klimatische Bedingungen gibt, die den Menschen die Übermacht der Natur drastisch spüren lassen und ihn in ein anderes Verhältnis zu ihr zwingen. „Es hat nicht nur keinen Zweck, sondern es wird geradezu zur Gefahr, wenn man sich gegen sie abschließen wollte." Aus diesem Grund sei es in Japan zur Freundschaft mit der Natur gekommen, die „eine philosophische Geisteshaltung, die über den Verstand hinaus das Gefühl beherrscht" (Taut 1998,70), erzeugte und den Menschen dazu anhielt, sich ebenso in die Natur einzufinden wie alle anderen Organismen.

Mit solchen Überlegungen weicht Taut seine in der Tradition der Aufklärung stehende These auf, daß alle Menschen auf der ganzen Erde mit der gleichen Vernunft begnadet seien. Denn was nutzt letztlich die Annahme, die Ratio sei überall identisch, wenn es Kulturen gibt, wo das Gefühl den Verstand in dem Maße dominiert, in dem die Natur den Menschen beherrscht, und wo die Vernunft schließlich doch eine andere ist, weil sie der Gesellschaft andere Überlebensstrategien und Wertvorstellungen eingibt als diejenigen, die im Abendland ausgebildet wurden. Der Universalisierungsanspruch der okzidentalen Vernunft scheint daher an seine Grenzen zu geraten, wenn die Natur mit Gewalt ins menschliche Leben dringt und den Individuen eine Mentalität aufprägt, die offenbar ein anderes Mischungsverhältnis von Rationalität und Emotionalität bedingt, als es in unseren Breiten der Fall ist.

Taut war in Japan der Relativität okzidentaler Rationalität auf die Spur gekommen. Sie führte ihn zu einem Phänomen, das sich *nicht* aus der „Folgerichtigkeit des japanischen Hauses" ergab. Die breiten Vordächer und Veranden zum Schutz vor Regen und Sonneneinstrahlung, der erhöhte Fußboden und Winddurchzug gegen feuchte Hitze und Schimmelpilz, waren zweifellos klimabedingt und funktional durchdacht. Hieran bestand für ihn kein Zweifel. Doch weshalb gibt es keine Sitzmöbel im japanischen Haus, warum keinen einzigen Sessel, Hocker oder gemütlichen Schaukelstuhl auf der Veranda? Sicher, die Dächer sind so weit heruntergezogen und nehmen so viel Licht weg, daß sich ein hoch am Tisch Sitzender über die Dunkelheit ringsum beklagen müßte. Doch glaubte Taut nicht daran, daß es am Ende ein Planungsfehler gewesen sein sollte, der die Entwicklung japanischer Möbel verhindert hatte.

Für die fehlenden Stühle wollte er eine ebenso vernünftige, funktionale Begründung finden wie für die anderen Details des japanischen Hauses. Auf der Suche nach einer schlüssigen Antwort stieß er auf die Frage: „Wodurch hatte sich der große Zeh und der Ballen des japanischen Fußes so kräftig entwickelt, wodurch waren auch die anderen Zehen breit und natürlich geblieben und wodurch der ganze Fuß in seinen Fähigkeiten stärker entwickelt?" (Taut 1998,57) Taut hatte beobachtet, daß die Japaner mit Vorliebe barfuß gehen, und daß ihre bevorzugte Fußbekleidung, die Sandale, die natürliche Fußform begünstigt und besondere Aktivität von Zehen und Ballen beim Gehen erfordert. Der Gang der Japaner erschien ihm leichter und elastischer, ja, er glaubte, daß ihre gesamte Körperhaltung bis in die Fingerspitzen hinein eine Folge der Besonderheit und Trainiertheit ihrer Füße sei. „Wenn man sich diese Beherrschtheit der Gliedmaßen von der Sohle her vergegenwärtigt", schreibt Taut, „so kann man sich kaum vorstellen, daß ein solcher Körper sich auf den stützenden Stuhl setzt." (Taut 1998,59) Der japanischen Muskulatur widerstrebe geradezu die Bequemlichkeit europäischer Sitzmöbel, sie fordere den Schneidersitz, der Rücken und Bauch in einer Weise stärkt, daß auch weiche Bettmatratzen als überflüssig und letztlich unbequem empfunden werden müssen.
Taut begrüßte das Training, das ein Leben ohne Möbel dem Körper aufnötigt, und propagierte bereits in den dreißiger Jahren, was die haltungs- und eßgeschädigten Opfer unserer Konsumgesellschaft mit den fernöstlichen Gesundheitslehren und Lebensweisen sympathisieren läßt: „So viel aber weiß ich, daß alle Bewegungen und Stellungen der Japaner, die das Mattenhaus mit sich bringt, ein hervorragendes Training für die Muskulatur des Rumpfes bilden. Dazu gehört nicht allein das Sitzen ohne Stuhl, sondern ebenso das Hocken in der Toilette, [...] dazu gehört auch das Liegen auf der nichtfedernden, ebenen Fläche der Matten. Ich habe bisher wirklich nicht spartanisch geschlafen, mich aber völlig daran gewöhnt und empfinde es als so wohltuend, daß ich zu Hause vielleicht die Federmatratze aus meinem Bett herausnehmen lassen werde." (Taut 1998,257)
Als Taut seine Vorliebe fürs harte Liegen entdeckte, liebäugelten die Japaner zunehmend mit dem Komfort und den Bequemlichkeiten, die der technische Fortschritt nach westlichem Vorbild mit sich brachte. Schneidersitz und Futon, aber vor allem die Tatsache, daß sich das japanische Haus im Winter so gut wie gar nicht beheizen läßt und ohne elektrisches Licht eher dunkel ist, dies alles wurde, zumindest von den Städtern, als Ausdruck großer Rückständigkeit registriert. Zwar hatte Taut seine der Moderne hinterherjagenden japanischen Kollegen wieder dafür sensibilisieren können,

daß das japanische Haus ein höchst artifizielles Produkt einer außergewöhnlichen Kultur sei, doch scheint ihm dabei entgangen zu sein, daß es sich hierbei auch um eine in vielerlei Hinsicht unzulängliche und überkommene Form der Behausung handelte.

Diese Unzulänglichkeit kam den Japanern keineswegs erst im Kontakt mit der westlichen Architektur zu Bewußtsein. Die konstruktiven Mängel des japanischen Hauses, seine mangelnden Widerstandskräfte gegen die Naturgewalten, ließen es früh schon zum Sinnbild der Unbeständigkeit des menschlichen Daseins werden. Man betrachtete es als ein Provisorium, ein vergängliches Gebilde, und sah deshalb keinen Sinn darin, den Hausbau zu verbessern. Und so waren es die aus dem Geist des Zen-Buddhismus geborenen Teehäuser, die mit ihrer Natürlichkeit suggerierenden Schlichtheit den Archetyp des japanischen Hauses bildeten. Dessen rituelle Herkunft darf darum ebensowenig unterschlagen werden wie sein ursprünglicher Zweck, den einst der Eremit Chomei definiert hatte, der im 12. Jahrhundert lebte. Chomei war in die Berge gezogen und hatte dort die japanische „Urhütte" konstruiert, ein demontierbares Häuschen von 3 x 3 m, und notiert: „Tot am Morgen und geboren zur Nacht, so geht der Mensch dahin, ohne Dauer, wie der Schaum auf dem Wasser. Die Arbeit des Menschen ist nutzlos in jedem Fall, aber Geld und Zeit zu verschwenden, um Häuser zu bauen an einem solch gefährlichen Ort wie der Hauptstadt, ist dumm über alles Maß." (Speidel 1983,12)

Als ein auf die Vernunft vertrauender moderner Architekt verschloß sich Taut trotz seiner großen Neugier für die Eigenarten fremder Kulturen der Möglichkeit, daß Gebilde, die funktional scheinen, dennoch nicht das Produkt von Überlegungen sein müssen, die wir rational nennen. Statt sich auf das traditionelle japanische Denken tiefer einzulassen, vertraute er lieber darauf, daß mit Hilfe der Klimatologie, der Medizin und des gesamten Instrumentariums, das die Verwissenschaftlichung der modernen Architektur vorantreiben sollte, auch eine traditionelle Baukultur wie die japanische am besten zu verstehen sei. So blieb er letztlich blind für die rational nicht nachvollziehbaren Aspekte japanischer Baukultur. Diese Blindheit markiert die Grenze seines Versuchs einer Selbstkritik der Moderne.

6

Ob es anders gekommen wäre, wenn ihn seine japanischen Freunde über ein Büchlein informiert hätten, das 1933 in Tokyo erschien und bei uns un-

ter dem Titel *Lob des Schattens* bekannt geworden ist? Geschrieben hat es einer der großen japanischen Autoren des 20. Jahrhunderts, Jun'ichiro Tanizaki, der das hohe Modernisierungstempo seines Landes mit großer Skepsis betrachtete. Sein Essay ist der Entwurf einer Ästhetik, die in der traditionellen japanischen Kultur verwurzelt ist. Antrieb seiner Überlegungen war dennoch kein technikfeindlicher Fortschrittspessimismus, sondern die Trauer darüber, daß der technologische Vorsprung des Westens Japan die Möglichkeit nahm, eine eigenständige moderne Zivilisation zu entwickeln, die der eigenen Mentalität eher entsprochen hätte.
Worin zeigt sich denn die Besonderheit der japanischen Wesensart? Tanizaki beschreibt einige Kulturerzeugnisse seines Landes und deutet sie in einer Weise, die der europäischen Kunstphilosophie eher fremd ist. Denn statt die Phänomene nach zuvor explizierten Schönheits- und Wahrheitskriterien zu beurteilen, macht er die Frage nach der Atmosphäre erzeugenden Wirkung ästhetischer Produkte zum Generalthema seiner Betrachtung. In der gedämpften Stimmung, die Tuschmalereien, Wohnräume und sogar das Eßgeschirr verbreiten, sah er einen Widerhall des spezifisch japanischen Empfindens, das der „Magie des Schattens" und der geheimnisvollen Dunkelheit des japanischen Hauses verfallen sei. Selbstverständlich sei das Klima die Ursache für die weit heruntergezogenen Dächer gewesen, doch was heiße dies schon angesichts der Tatsache, daß die Japaner, „die wohl oder übel in dunklen Räumen wohnen mußten, irgendwann die dem Schatten innewohnende Schönheit entdeckten". Verstanden sie es doch, „den Schatten einem ästhetischen Zweck dienstbar zu machen. Tatsächlich gründet die Schönheit eines japanischen Raumes rein in der Abstufung des Schattens. Sonst ist überhaupt nichts vorhanden." (Tanizaki 1990,33/34) Indem er den Hell-Dunkel-Nuancen japanischer Räume größte Aufmerksamkeit schenkte, lieferte Tanizaki einen Beitrag zur phänomenologischen Architekturtheorie. Die gelungene Atmosphäre bewohnbarer Räume war für den Literaten das Resultat des erfahrenen Umgangs mit der Stille und einer geradezu körperhaften Dunkelheit. In ihr lebten einst Frauen, die sich eine Gesellschaft von radikal patriarchalischem Zuschnitt körperlos dachte. „Dunkelheit umhüllte diese Frauen sicherlich zehnfach, zwanzigfach", erinnert sich Tanizaki, „und füllte sämtliche Spalten und Öffnungen an ihren Kleidern, am Kragen, an den Ärmeln, am Kleidersaum und wo auch immer. Je nachdem mochte es sich sogar umgekehrt verhalten: Aus ihrem Körper, aus ihrem Mund mit den geschwärzten Zähnen, aus den Spitzen ihrer schwarzen Haare ließen sie die Dunkelheit ausströmen, so wie die Erdspinne ihre Fäden ausspeit." (Tanizaki 1990,62) In dieser dämonischen Per-

spektive erscheint eine Männerphantasie und nicht eine funktionale Überlegung als die prägende Komponente des japanischen Hauses. Dessen wichtigster Raum aber war – das Klo. Wiederum ist es die Atmosphäre, die dafür den Ausschlag gibt und die Bemerkung veranlaßt, „die japanische Architektur habe hier ihren raffiniertesten Ausdruck gefunden". (Tanizaki 1990,11) Auf dem Abort erkennt sich der Mensch in trauter Regelmäßigkeit als das Naturwesen wieder, das er nun mal ist, und nur dort ist auch die äußere Natur mit größter Intensität erfahrbar. Tanizaki schwärmt von dem Blick, den das japanische Klo „auf die Farben des blauen Himmels und des grünen Laubwerks" freigibt, und resümiert: „es gibt keinen geeigneteren Ort, um das Zirpen der Insekten, den Gesang der Vögel, eine Mondnacht, überhaupt die vergängliche Schönheit der Dinge auf sich wirken zu lassen, und vermutlich sind die alten Haiku-Dichter ebenda auf zahllose Motive gestoßen." (ebd.)
Es folgt die Klage, daß dieser so poetische Ort im Zuge der Modernisierung weiß gekachelt und in grelles Licht getaucht wird, wo er doch trotz aller Sauberkeit, die er verlangt, besser in ein verschwommenes Halblicht getaucht sein sollte, weil das physiologische Wohlgefühl auf dem Klo dem Meditieren zuträglich ist, solange unsichtbar bleibt, was der Terror der modernen Hygiene und Beleuchtungstechnik der Besichtigung freigibt. Manch einer wird einwenden wollen, es gibt ja noch die Nase, die unwiderruflich ins Bewußtsein hebt, was die Augen im Halbdunkel verfehlen, doch müssen wir Tanizaki glauben, daß es vor allem der „Geruch von grünem Laub und Moos" war, der dem Japaner auf dem Abort in die Nase stieg. (Tanizaki 1990,10)
Es lohnt die Überlegung, weshalb sich niemand in der westlichen Kultur fand, der während des Siegeszugs des modernen WCs das Loblied des alten europäischen Plumpsklos anstimmte. Einen Hinweis hierauf könnte die Tatsache geben, daß ja der dunkle Abort vergangener Zeiten und die helle Toilette, wie wir sie kennen, trotz ihres auffälligen Gegensatzes eher eine Einheit als einen Widerspruch bilden. Beide zeigen die Tendenz, sich von der Außenwelt abzuschirmen. Wie das Plumpsklo in der Regel fensterlos war, so versperrt auch das moderne WC die Sicht nach außen. Ablenkung ist nicht beabsichtigt, wohl aber das „schnelle Geschäft" und damit die Verdrängung einer Tätigkeit, die sich die Japaner offenbar nicht in einem Atemzug mit künstlerischen Tätigkeiten zu nennen scheuen.

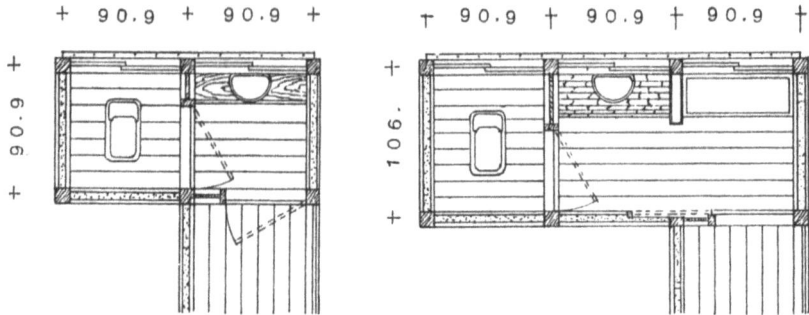

Zwei verschiedene Grundrisse japanischer Abortanlagen

Bruno Taut ließ sich von Überlegungen dieser Art nicht irritieren. Er aktualisierte die japanische Bautradition, indem er sie funktionalistisch deutete. Damit erkannte er Wesentliches und verfehlte es zugleich. Wohl bemerkte er alles, was ein westlich geschulter Verstand dem japanischen Haus abzugewinnen weiß: seine Transparenz, Leichtigkeit, Einfachheit, seine konstruktive Ehrlichkeit und Flexibilität, das Ineinander von Innen- und Außenraum, doch übersah er dabei großzügig, was am „Mattenhaus" der modernen Lebensart widerspricht: seine Dunkelheit und zur Stille erziehende disziplinierende Enge und papierene Hellhörigkeit.

Trotz seiner positiven Deutung ließ auch in Japan eine Enttäuschung nicht lange auf sich warten, die er des öfteren erleben mußte. Kurt Junghanns hat darauf aufmerksam gemacht: Die Länder, in denen Taut als Emigrant lebte, befanden sich sämtlich im Übergang von der handwerklichen zur industriellen Produktion und drohten dabei ihre angestammte kulturelle Identität zu verlieren. Dieser Prozeß brachte es mit sich, daß die alten Handwerkstechniken und das mit ihnen erworbene Formgefühl allmählich verschwanden. Taut beobachtete mehrmals die Kapitulation selbst der talentiertesten japanischen Handwerksmeister vor den Gestaltungsaufgaben des modernen Alltags. Ihr ganzes Können war an das alte Formvokabular gebunden und schützte sie nicht davor, selbst in den schlechtesten Produkten der Industrieländer Beispiele einer überlegenen Kultur zu sehen. (vgl. Junghanns 1983,106 ff)

Für Taut war es ein zutiefst frustrierendes Erlebnis, Zeuge des schleichenden Untergangs eben jener traditionellen Bauweisen zu werden, mit deren Hilfe er die unter dem Einfluß des CIAM zunehmende Formalisierung der modernen Architektur bekämpfen wollte. Immerhin konnte er sich zugute halten, den Japanern wieder die Augen für die Schönheit der Katsura-Kaiservilla in Kyoto geöffnet zu haben, was noch 1983 einen Arata Isozaki zu der zerknirschten Bemerkung veranlaßte, zum großen Bedauern der Japaner sei ja die „Entdeckung" Katsuras einem Ausländer zu verdanken. (Isozaki 1987,8)

Taut hat die Bedeutung dieses einzigartigen Architekturdenkmals in *Houses and People of Japan* herausgestrichen, indem er es wie das glanzvolle Finale einer Symphonie zu seinem Schlußkapitel machte. Im selben Buch findet sich auch eine Zeichnung, die den Dichter Basho vor seinem Haus zeigt. Mit ihr wollte Taut das einfache Leben veranschaulichen, das der Eremit Chomei in seiner Waldhütte führte. Daß er hierfür eine Darstellung

Basho
in seinem Haus

des berühmten Lyrikers wählte, geschah nicht von ungefähr, kommt er doch in einer seiner hellsichtigsten Stellen begeistert auf das Haiku zu sprechen als Beispiel „vollendetster Form für ein Minimum an künstlerischen Mitteln, das zugleich ein Maximum von seelischen und geistigen Ausstrahlungen in sich schließt". Und es folgt der Zusatz, das Haiku sei der „Schlüssel zur japanischen Architektur". (Taut 1998,74)
Durch dieselbe Tür, durch die der Modernisierungsprozeß, der die alten Kulturen überformt, mit Macht stürmt, sind stets auch Menschen wie Bruno Taut geschritten, um zu retten, was kaum zu retten ist. Denn die Traditionen stehen seit jeher in Gefahr, sich im historischen Prozeß zu verlieren. Selbst das Haiku und die dazugehörige Zeichnung von Sengai zeigen, daß in Japan nur ein Jahrhundert nach dem Lyriker Basho die Fähigkeit der Zen-Erleuchtung zu verblassen begann. Die Wehmut und stille Ironie des Gedichts sind kaum zu überhören. Sie markieren den Abstand zu einer Erfahrung, die sich offenbar nicht mehr so ohne weiteres wiederholen ließ. „Wäre hier ein Teich/ ich spränge hinein/ und ließe Basho hören" – Sengai will sich zum Medium seines großen Vorbilds machen, in der Hoffnung, der alte Dichter würde ihm seine Stimme und künstlerische Kraft verleihen. Die Einheit des In-der-Natur-Seins und Außerhalb-der-Natur-Seins im plötzlichen Geräusch eines Frosches erleben zu dürfen, der ins Wasser eintaucht, das scheint bereits für Sengai ein Mysterium gewesen zu sein. Übrig blieb der Wunsch nach einer ästhetischen Anverwandlung des Verlorengegangenen. Zur Dichtung Bashos verhält sich darum Sengais Haiku wie eine sentimentale Reflexion. Selbstironisch malt er sich als dicken Frosch, der unter dem Schutz, ja man könnte sagen: unter der Schirmherrschaft einer Bananenpflanze hockt, denn der Name Basho bedeutet auf japanisch Bananenpflanze. Wir werden so Zeugen einer doppelten Metamorphose: der Sengais in einen Frosch und der Bashos in eine Pflanze.

8

Fisch und Frosch. Als Taut in Japan weilte, schrieb Häring, der Fisch, seine ersten Aufsätze, in denen er sein Votum für den Funktionalismus zur kritischen Kulturtheorie ausarbeitete. Im letzten Essay, den er veröffentlichen konnte, betitelt mit *probleme der stilbildung* (1934), findet sich ein Hinweis auf seine große Bewunderung für das alte Japan. Häring zitiert es als das „größte und reinste beispiel einer alten organhaften kultur". (Häring 1965,42) So wie Taut im japanischen Haus die moderne Architektur vorge-

Bruno Taut, Wohnhaus Okura in Tokio (1934/1935)

bildet sah, so glaubte Häring, daß das Versöhnungswerk des organischen Bauens in der japanischen Kultur seinen Vorläufer hat. Und ebenso wie Taut mit einem seiner beiden Bauten, an denen er in Japan mitwirken durfte, dem *Haus Okura* in Tokio, die Frage der Bedachung in den Vordergrund rückte, so stand auch bei Härings Interesse für die fernöstliche Baukultur das Dach im Mittelpunkt.
1947 veröffentlichte er ein Gespräch mit Chen Kuan Lee über chinesische Dachprofile. Chen war zehn Jahre zuvor von Mies van der Rohe in Scharouns Büro gewechselt, was dazu führte, daß sich Häring und Scharoun intensiv mit der chinesischen Baukultur zu beschäftigen begannen. 1940 gründeten die drei eine Arbeitsgruppe, die sie den „Chinesischen Werkbund" nannten. Damals kam es zu dem erwähnten Gespräch, in dem sich Formulierungen finden, die zeigen, daß Häring die Selbstkritik der Moderne inzwischen weit über den Standpunkt Bruno Tauts hinaus getrieben hatte. Und wieder war es die Auseinandersetzung mit dem fernen Osten, die diese Kurskorrektur inspirierte.
Im Gespräch mit Chen stellte Häring nach einer Beschreibung der massiv ausgeführten, mit leuchtenden Ziegeln bedeckten chinesischen Dächer die Frage nach ihrer Bedeutung und gab sich selbst zur Antwort: „Als man alle gestalt aus technischem herleiten zu können und zu müssen glaubte, weil man von einer tieferliegenden bild- und gestaltungskraft nichts wissen wollte, suchte man das dach aus technischen formen abzuleiten, aus dem zeltdach aus häuten oder einem flechtwerkdach mit rohr- oder bambusdeckung. Das ist unzulänglich. Man entwickelt nichts aus formmotiven, die die technik bietet, solange eine kraft der gestaltung im einklang sich fühlt mit tieferen formenbildungen und formenwelten. Der ursprung der formen liegt in tieferen wesenszusammenhängen." (Häring 1965,60)
Um 1940 hatte sich Häring eine Begrifflichkeit erarbeitet, die von der Frage nach dem Wesen und Ursprung der Dinge bestimmt wurde und derart eine gewisse Nähe zu Heidegger spüren läßt. Auch der Buddhismus übte großen Einfluß auf ihn aus. In ihm sah er die Vereinigung der „magischen wirklichkeit der seele" mit der Vernunft am Werk und nannte dies kurzerhand „die arbeit des ostens". Sie habe ein „schauendes wissen" hervorgebracht, das den „schaffenden kräften der natur" nachspüre. (Häring 1968,307) Häring wünschte sich, daß der Westen und der Osten voneinander profitieren. Im Gespräch über chinesische Dachprofile wird deutlich, wie ein solches gegenseitiges Lernen baulich umgesetzt werden könnte. Häring deutet die Form des chinesischen Daches als Ausdruck des Wunsches, die topographischen Höhenlinien, die ein Haus umgeben, aufzugreifen.

Hugo Härings Skizzen zur Dachfrage (1947)

Ähnliches leiste das flache Pultdach, das den Menschen ebenfalls „an das erdgeschehen" binde, doch sei an ihm anders, daß es sich zur Sonne orientiert und keinen auf dem Boden sitzenden, sondern einen „ausschreitenden menschen" schützt. Zur Annäherung beider Kulturen komme es dann, wenn die europäische Moderne dem Flachdach das Pultdach vorziehen und hierdurch bewirken würde, daß der westliche Mensch wieder an Bodenhaftung gewinnt und zur Ruhe kommt. Umgekehrt müsse sich das chinesische Dach nach oben hin nur ein klein wenig öffnen, damit sich „der Asiate" aus seiner meditativen Versunkenheit löse und endlich auch „auszuschreiten" beginne. (Häring 1965,62)
So merkwürdig uns diese Betrachtung anmuten mag, sie steht im Kontext der wichtigen Diskussion, die damals um die Restitution des Raumes in der Architektur geführt wurde. In diesem Zusammenhang findet sich bei Scharoun in einem erst nach seinem Tode veröffentlichten Manuskript die überraschende Bemerkung: „Noch ist in China die Herrschaft des Raumes nicht durch die Herrschaft der Zeit abgelöst. Es erhebt sich die Frage, [...] wird diese Welt der Formen, in denen sich Geist und Wesensart der Chinesen und des ihm eigenen Menschentums rein ausdrücken, den Errungenschaften der westlichen Zivilisation geopfert werden." (Pfankuch 1993,121)
Mir scheint, Häring hat hierauf mit dem Vergleich des chinesischen und europäischen Daches eine Antwort geben und dabei deutlich machen wollen, daß die architektonische Versöhnung von Raum und Zeit nur durch eine vorurteilslose Annäherung der europäischen und asiatischen Kulturen zustande zu bringen wäre. Offensichtlich ging es inzwischen um weit mehr als Bruno Tauts Frage, wie sich die moderne Architektur den klimabedingten Bautraditionen anderer Kulturen anverwandeln könne. Hatte Taut das eurozentrische Weltbild der westlichen Moderne korrigiert, um am Universalitätsanspruch der okzidentalen Vernunft desto stärker festzuhalten, verlor Häring im Zweiten Weltkrieg den Glauben an beides. Sein Thema war fortan die umfassende Selbstkritik der modernen Architektur, die ihm aufgrund der naiven Technikbegeisterung, des Phantasie vernichtenden Dogmatismus und Normierungswahns vieler seiner Kollegen auf das Schlimmste kompromittiert schien.

Romeo und Julia (1)

1

Im Mai 1958 starb Hugo Häring in Göppingen. Und in Stuttgart kam es im Jahr darauf, am 6. April, zu einer denkwürdigen Begegnung. Der siebzigjährige Martin Heidegger hatte sich auf den Weg gemacht, um einen Besuch abzustatten. Er, der von sich sagte: „Meine ganze Arbeit ist von der Welt der Berge und Bauern getragen und geführt" (Heidegger 1983,11), war aus dem Schwarzwald hinabgestiegen und in die Landeshauptstadt gekommen. Im Stadtteil Zuffenhausen steuerte er eine Großbaustelle Ecke Schozacher und Schabbacher Straße an, betrat dort ein bereits fertiggestelltes und bezogenes Haus, ließ sich mit dem Lift bis zum Dachgeschoß fahren (gewann also wieder an Höhe zurück) und wurde dort vom Architekten des Bauwerks, von Hans Scharoun, in Empfang genommen. – Heidegger war auf dem „Romeo" angekommen.
Scharoun hatte 1954, als ihm die Ehrendoktorwürde der TH Stuttgart verliehen wurde, die Bekanntschaft mit einer dortigen Wohnungsbaugesellschaft gemacht und daraufhin den Auftrag erhalten, zwei Hochhäuser mit Eigentumswohnungen und Garagenhof zu planen. Es entstanden der neunzehn Geschosse hohe Wohnturm „Romeo" und die in vier, sieben und elf Geschosse gestaffelte „Julia". Scharoun, der zu den wenigen Architekten gehörte, die in den Bauten, die sie planen, auch wohnen, hatte sich als Zweitwohnsitz eine Atelierwohnung auf dem „Romeo" gekauft. Nur wenig später bezog er in Berlin ebenfalls eine Dachwohnung in der von ihm geplanten Siedlung Charlottenburg-Nord. Anlaß war die Heirat mit der Modejournalistin Margit von Plato, die dem Gespräch mit Heidegger auf dem Romeo beigewohnt hatte. Allmählich beginnen wir zu ahnen, aus welchem Anlaß so etwas höchst Prosaisches wie eine Wohnhausgruppe auf den Namen „Romeo" und „Julia" getauft werden konnte.
Im August 1959, zur Einweihung der Gebäude, wurde es in Zuffenhausen richtig festlich. Wie im alten Hellas verstand sich der *architekton* Scharoun zugleich als Theaterpächter und machte seine *theoria* zum Schauspiel: Studierende der Hochschule für Darstellende Kunst führten im hufeisenförmi-

Hans Scharoun, Wohnanlage „Romeo und Julia" Stuttgart-Zuffenhausen (1954-1959)

Hans Scharouns Atelierwohnung auf dem Dach des „Romeo"

gen Hof der Anlage Szenen aus Shakespeares *Romeo und Julia* auf. Danach hielt Scharoun einen Vortrag, worin er erklärte, daß in der Moderne lebendige Tradition wirksam sein müsse, um für jene Vielfalt zu sorgen, die allein dem grauen Einerlei einer normierten Welt zu widerstehen vermöge. Shakespeare sei dies gelungen, indem er „die Kräfte himmlischer und höllischer Art in das irdische Treiben" einbezogen habe. Just aus diesem Grund seien die beiden Häuser, in denen sich ebenfalls zeitgemäße und traditionelle Forderungen miteinander verbänden, Romeo und Julia genannt worden. (Pfankuch 1993, 239)

Das mag glauben, wer will. Dieser Erklärung zufolge hätten die Zuffenhausener Bauten ebensogut „Troilus und Cressida" heißen können. Sicher: Romeo und Julia sind das berühmtere Paar, doch denke ich nicht, daß ihre Prominenz bei Scharouns Namensgebung den Ausschlag gab. Da mag man lieber schon an den „zweiten Frühling" glauben, in den der vierundsechzigjährige Architekt mit seiner vermutlich wenig platonischen Liebe zu Frau von Plato geraten war. Dennoch kann in die poetische Namenswahl durchaus auch etwas „Platonisches" hineingespielt haben. Ich denke dabei weniger an Scharouns Beziehung zu Hugo Häring als vielmehr daran, daß es ihm damals gefiel, jemanden wie Heidegger zu umwerben, der in der Philosophie seit langem schon die bedeutende Rolle spielte, die Scharoun auf dem Gebiet der Architektur mehr und mehr einzunehmen gedachte.

2

Die Zurückweisung seiner Person und seines Denkens erlebte Heidegger, der 1933 in die NSDAP eingetreten war, in der Nachkriegszeit eher als Ausnahme. Das gegen ihn verhängte Lehrverbot galt nur bis 1949, und vorher schon setzten wahre Pilgerzüge französischer Intellektueller nach Freiburg und Todtnauberg ein, nachdem das Gerücht in die Welt gesetzt worden war, er und Sartre seien dort im Oktober 1945 zusammengetroffen. Aber auch in Deutschland vergaß man den Philosophen aus dem Schwarzwald nicht, und so kam es denn zur Renaissance eines Denkens, mit dem sich Front gegen den als geistlos gebrandmarkten Pragmatismus der Adenauerzeit machen ließ. Hierin lag eine große Attraktivität sowohl für jene, die unter der neuen Herrschaft des Geldes litten, als auch für diejenigen, deren Geschäfte wieder einträglich genug waren, um sich in regenerierenden Mußestunden den „höheren Dingen" widmen zu dürfen.

Die Folge war: Heidegger brillierte vor betuchten Kurgästen auf der Bühlerhöhe und ebenso vor Schiffsmaklern, Großkaufleuten und Kapitänen, die sich in einem Bremer Salon zusammengefunden hatten, in den er seit 1949 eingeladen wurde. In diesem konservativ bürgerlichen Milieu leitete er das Projekt seiner Spätphilosophie mit dem Vortragszyklus *Das Ding, Das Gestell, Die Gefahr* und *Die Kehre* ein. Seine hochsuggestive Sprache soll auf seine Hörer großen Eindruck gemacht haben, auch wenn ihnen vieles unverständlich geblieben sein dürfte. Eines aber werden die meisten sogleich dankbar vermerkt haben: Heideggers Kulturkritik und die enorme Distanz, die sein dramatisch auftrumpfendes Sprechen zur modernen Alltagspraxis einhielt. Hiervon ging ein großer Reiz aus, der Reiz eines Predigers, der, statt die eigene verleugnete Vergangenheit zu befragen, lieber die Verstricktheit seines Publikums in die unverstandene und unreflektierte Gegenwart denunzierte und dabei ein weites Gedankenreich eröffnete, in das es sich aus dem grauen bundesrepublikanischen Alltag zu flüchten lohnte.

Fast scheint es so, als sollte nach millionenfachem Judenmord die Anklage der Täter in die Verurteilung unpersönlicher Mächte umgelenkt werden. Hierzu bot sich die Technik ideal an. Die Furcht vor ihren Auswüchsen, die auf Massenvernichtung zielten, saß denen, die den Krieg im Luftschutzkeller verbracht hatten, noch im Nacken. Trotz solch schrecklicher Erfahrungen erschien die nahe Zukunft, in der sich allem Anschein nach der Fortschritt noch beschleunigen würde, kaum weniger bedrohlich als die jüngste Vergangenheit. Die Nachdenklichen tendierten zur Skepsis, und Heidegger wußte die seine mit einer Grundsätzlichkeit auszustatten, von der sich die geschworenen Feinde der modernen Industriegesellschaft und ebenso deren Repräsentanten angezogen fühlen konnten. Schließlich wollte ja der Philosoph den technischen Fortschritt nicht beschränken. Statt dessen sprach er den Naturwissenschaften die Kompetenz für Fragestellungen ab, die auf den Sinn der menschlichen Existenz zielen. Heidegger brach den Stab über die positivistischen Wissenschaften mit einem Pathos, das diesen wenig anhaben konnte, half es doch, die moderne Arbeitsteilung von Handeln und Denken in der Nachkriegszeit zu befestigen.

3

Heidegger war Scharoun erstmals in Darmstadt begegnet. Dort hatte der Deutsche Werkbund im August 1951 das zweite Darmstädter Gespräch unter dem Titel *Mensch und Raum* veranstaltet. Der Philosoph war damals als Gastredner aufgetreten und hatte mit seinem Vortrag *Bauen Wohnen Denken* für einiges Aufsehen gesorgt. In Heideggers Erinnerung kam es gar zum Eklat. Vier Jahre später berichtete er, es habe ihn einer der anwesenden Architekten in ausfallender Weise angegriffen und ihn bezichtigt, in seinem Vortrag seien die wesentlichen Fragen nicht gelöst, sondern bloß „zerdacht" worden. Glücklicherweise habe sich hierauf der ritterliche Ortega y Gasset, der ebenfalls nach Darmstadt geladen war, zu Wort gemeldet, ihn geistreich verteidigt und so die Situation gerettet. (Heidegger 1983,77 ff)

Was war wirklich geschehen? Heidegger hatte die Behauptung aufgestellt, der eigentliche Sinn des Bauens sei das Wohnen. Von einem gelungenen Wohnen könne man allerdings nur dann sprechen, wenn das Wohnen ein Schonen sei. Geschont werden solle das Geviert. Dieses sei gebildet durch das Ineins von Erde, Himmel, Göttlichen und Sterblichen. Geviert ist bei Heidegger eine Chiffre des nicht entfremdeten Lebens. Entsprechend hörte man in Darmstadt: „Im Retten der Erde, im Empfangen des Himmels, im Erwarten der Göttlichen, im Geleiten der Sterblichen ereignet sich das Wohnen als das vierfältige Schonen des Gevierts." (Mensch und Raum 1991,93) Auf die selbst gestellte Frage, wie dies denn zu bewerkstelligen sei, erfolgte die Antwort: „dadurch, daß die Sterblichen die wachstümlichen Dinge hegen und pflegen, daß sie Dinge, die nicht wachsen, eigens errichten. Das Pflegen und das Errichten ist das Bauen im engeren Sinne. Das Wohnen ist, insofern es das Geviert in die Dinge verwahrt, als dieses Verwahren ein Bauen." (ebd.)

Man kann sich unschwer vorstellen, daß für so manchen braven Werkbündler Heideggers Beweisführung der Identität von Bauen und Wohnen ziemlich starker Tobak, wenn nicht vollständig unverständlich war. Wohl hatte sich die Moderne den Wohnungsbau zur Hauptaufgabe gemacht, und auch der Wiederaufbau stand ganz in seinem Zeichen, doch geschah dies ja der Not gehorchend, damit die Menschen wieder ein Dach über dem Kopf bekämen. Dem Philosophen aus Freiburg schien dagegen die Behebung der herrschenden Wohnungsnot kein bedenkenswertes Anliegen gewesen zu sein. Hätte er sonst seinen Vortrag mit der Behauptung beendet, die eigentliche Not des Wohnens beruhe darin, daß die Sterblichen das Wohnen erst lernen müssen?

Gleichwohl machte seine Rede Eindruck. Es war ja nicht alles ins schwer verständliche Dunkel seiner Spätphilosophie getaucht, was Heidegger in Darmstadt vortrug. Er hatte auch Beispiele gebracht und von der Brücke gesprochen, die im Schwung über dem Fluß Erde und Himmel, die Sterblichen und die Göttlichen, bei sich versammelt, wodurch ein Stückchen Boden erst zum *Ort* werde. Es sei Aufgabe der Architekten, mit ihren Bauwerken Orte zu schaffen, die den Menschen auf der Erde heimisch machen. Und wenn die Architekten dies nicht mehr vermögen, dann sollten sie an den Schwarzwaldhof denken, den Handwerker bauten, die vom bäuerlichen Wohnen her dachten und den Hof mit weit ausladendem Schindeldach an die windgeschützte Berglehne lehnten, dabei den Herrgottswinkel hinter dem gemeinsamen Tisch nicht vergaßen und ebensowenig die Plätze für Kindbett und Totenbaum.

Mit seinem volkstümelnden Hinweis verband Heidegger die Forderung, daß sich die Architekten wieder auf ein Bauen besinnen, in das Erfahrungen eines „eigentlichen Daseins" einfließen können. Um Beispiele war er nicht verlegen. Er fand sie mit Vorliebe in der Vergangenheit, wo er einen „großen Anfang" vermutete. Ein solcher war für ihn in der Architektur mit dem Bauernhaus gemacht worden. Es bewahre in sich den Ursprung allen Fragens, das aus Sicht der Philosophie wesentlich sei für das Bauen. Heidegger empfahl keineswegs, das Schwarzwaldhaus zu imitieren. Viel eher sollte seiner Gestalt entnommen werden, wie einst der existentielle Zusammenhang von Erde, Kosmos, Mensch und Religion in einer für das Bauen konstitutiven Art und Weise gestiftet worden sei. Allein von hier aus ließen sich die notwendigen architektonischen Aufgaben von Gegenwart und Zukunft stellen.

Bauen statt Architektur – von Häring stammt diese Losung, und Scharoun glaubte ihr in Darmstadt wieder zu begegnen, in den Worten Heideggers, dessen Denken dem organischen Bauen offenbar sehr nahestand. Damals wird es ihm durch den Kopf gegangen sein, daß es dem Autor von *Sein und Zeit* vorbehalten sein könnte, dem Neuen Bauen, dessen Theorie sich in den fragmentarischen Gedankengängen Härings mehr und mehr verzettelte, philosophischen Ausdruck zu geben. Scharoun mutmaßte: Erst in der Engführung von Architektur und Philosophie entsteht, was den Namen Architekturtheorie verdient.

Auch Heidegger scheint die Nähe zu Scharoun gespürt zu haben. Jedenfalls zeugt seine Erinnerung an das Darmstädter Gespräch geradezu von einer Identifikation mit dem Architekten. Denn der Vorwurf, er, Heidegger, sei ein „Zerdenker", war in Wirklichkeit an Scharoun gerichtet gewesen. Ausgesprochen hatte ihn Paul Bonatz. Zusammen mit Schmitthenner und Schultze-Naumburg gehörte er vor dem Krieg der mit den Nazis sympathisierenden Architektenvereinigung „Der Block" an, die sich in Gegnerschaft zum „Ring" und aus Protest gegen den Weißenhof formiert hatte. Bonatz war ein alter Gegenspieler Scharouns. Und die Antipathie der beiden hatte in Darmstadt noch zugenommen.

4

Das Werkbund-Gespräch *Mensch und Raum* begleitete eine gleichnamige Ausstellung, in deren Zentrum elf sogenannte „Meisterbauten" standen, die das architektonische Vorbild für den Wiederaufbau Darmstadts abgeben sollten. Unter diesen Meisterbauten befanden sich Scharouns viel diskutierter Entwurf für eine Volksschule sowie eine Tonhalle von Bonatz, die in der Fachöffentlichkeit weit weniger Beachtung fand. Beide Projekte wurden nicht realisiert.

Der eifersüchtige Bonatz also hatte sich zu Wort gemeldet und war auf Paul Valérys *Eupalinos* zu sprechen gekommen, in dem Sokrates gesteht, er selbst wäre gern Architekt geworden und habe sich nur deshalb gegen diesen Beruf entschieden, weil er alles „zerdenken" müsse. Bonatz weiter: „Herr Scharoun, seien Sie mir bitte nicht böse, wenn ich die Schule, die Sie gemacht haben, als ein Beispiel des Zerdenkens anführe. [...] In diesen komplizierten Organismus sind so vielerlei Absichten hineingeheimnist, das Präparat Kind wird erst von links, dann von rechts bestrahlt, vertikal geordnet, horizontal zusammengefaßt, nach streng wissenschaftlichem System mit Zusätzen versehen und behandelt – ich kann es mir nicht anders denken, als daß zum Schluß nur noch der Homunculus herauskommt, und ich denke mit beglückter Erleichterung an die normale Volksschule in Rappoltsweiler im Elsaß, in der ich mit 60 anderen Buben in einer normalen Klasse saß. [...] Macht aus solchen Dingen nicht immer gleich eine Weltanschauung und Kampfparole. Der liebe Gott hat so viele verschiedenartige Tiere in seiner Menagerie, sie wollen alle leben, sie haben alle recht, also laßt jedem seine Freiheit und glaubt vor allem nicht, daß das Parteiabzeichen oder das Rezept genüge." (Mensch und Raum 1991, 110)

Es waren exakt diese Sätze, die Ortega y Gasset zu der von Heidegger erinnerten Bemerkung veranlaßten: „Es ist nur ein einziges Wort, das ich dem Herrn Bonatz sagen möchte, nämlich: daß der liebe Gott den Zerdenker brauchte, damit die anderen Tiere nicht fortwährend in Schlaf fielen." (Mensch und Raum 1991, 112) Daß Heidegger seinem spanischen Kollegen noch Jahre danach für eine Unterstützung dankbar war, die zweifelsfrei Scharoun galt, berührt merkwürdig. Ich bin mir sicher, daß Bonatz nichts

Hans Scharoun, Grundschule Darmstadt, Modell (1951)

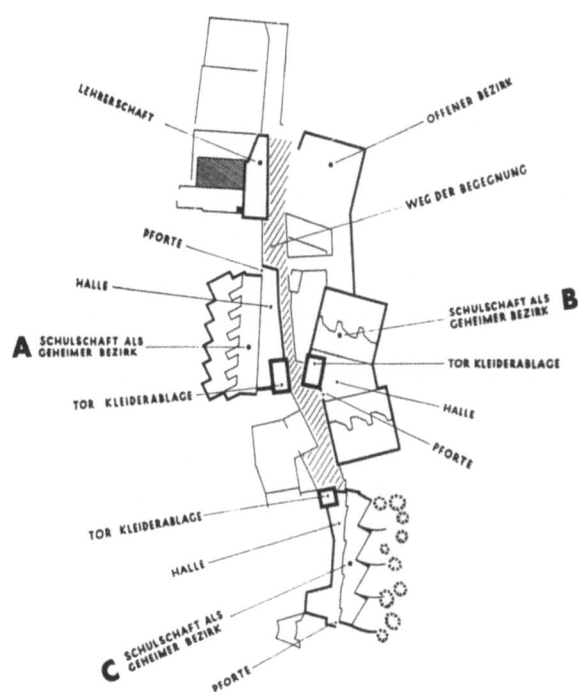

Hans Scharoun, Grundschule Darmstadt, funktionale Aufteilung (1951)

gegen den Schwarzwälder im Schilde führte, zumal er gleich zu Anfang seines Diskussionsbeitrags klargestellt hatte, daß man in der Philosophie durchaus viele Worte machen dürfe, nicht aber in der Architektur. Daran hatte sich Scharouns komplizierter Erläuterungsbericht der Darmstädter Volksschule jedoch nicht gehalten.
Gleichwohl wird die Umständlichkeit seines Textes in Heidegger einen aufmerksamen Leser gefunden haben, zumal der Philosoph nach dem Krieg weniger denn je eine Vorstellung davon gehabt haben dürfte, in welcher Weise sein „fragendes Denken" praktisch werden könnte. Scharouns Entwurf und Erläuterungsbericht waren in dieser Situation als Fingerzeig zu verstehen, als Brückenschlag von der Philosophie zum tätigen Leben, zur Architektur. Zudem war Scharouns Volksschule ein hoch ambitioniertes Projekt. Statt eine der modernen Grundrißlösungen aufzugreifen, die im Schulbau der zwanziger Jahre entwickelt worden waren, hatte er einen völlig neuen Typus entworfen und auf diese Weise eine komplexe Struktur sogenannter Schulschaften vorgeschlagen, die auf die unterschiedlichen Bewußtseinsstufen verschiedener Jahrgangsklassen mit einer in Form, Farbe und Belichtung differenzierten Architektur antworteten.
Darüber hinaus überraschte Scharouns Projekt mit ungewöhnlichen Ideen wie dem Entwurf eines „kosmischen Raumes", dessen Kuppel den Himmel und dessen Bodenrelief die Erde symbolisieren sollte. Heidegger hätte diesen merkwürdigen Kultbau durchaus als eine architektonische Verkörperung seiner „Philosophie des Gevierts" interpretieren können. Im Unterschied zu den lebhaften offenen Bereichen der Schule war dieser Meditationsraum als „geistiger Konzentrationspunkt" gedacht, in dem der Architekt „die anschauliche Vorstellung von der beziehungsreichen Einbindung des Menschen in das All gefördert" sehen wollte. So sehr auch Scharouns Volksschule die bildungspolitische Revolution einer Institution im Schilde führte, die in der Vergangenheit niemals mehr leisten sollte, als künftigen Soldaten, Bauern und Arbeitern ein wenig Schreiben und Lesen beizubringen, so wenig ging es ihm um den Entwurf einer Ausbildungsstätte moderner Subjektivität. Heidegger wird mit Genugtuung vermerkt haben, daß in Scharouns Erziehungsprogramm der Vernunftmensch durch den in sozialer Gemeinschaft und im „Sein" beheimateten Erfahrungsmenschen ersetzt werden sollte.
Nach dem Darmstädter Gespräch versuchte Scharoun in seinen Vorlesungen an der TU Berlin einige seiner Entwürfe im Sinne Heideggers zu deuten. Hierbei kam er natürlich auch auf den Wohnungsbau zu sprechen. Als Beispiele wurden das *Haus Moll* in Berlin-Grunewald und das *Haus Möl-*

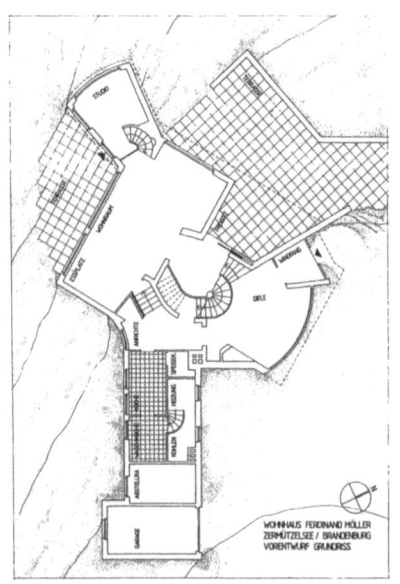 

Hans Scharoun, Haus Ferdinand Möller, Vorentwurf, Rekonstruktion

Hans Scharoun, Haus Ferdinand Möller, Innenraum (1937)

ler am Zermützelsee in Brandenburg angeführt, beide zwischen 1936 und 1939 entstanden. Der organische Grundriß, das „Abgehen vom rechten Winkel", wird aus der Topographie heraus erklärt. Beide Häuser zeigten im Gegensatz zur additiven Gestaltung, die vor allem ökonomischen Überlegungen Folge leiste und dem Formzwang der Geometrie unterliege, daß der organische Grundriß „nicht ein Akt der Willkür ist, sondern menschlich und landschaftlich bedingten Forderungen entspricht". Zudem sei in beiden Häusern der Versuch gemacht worden, „Martin Heideggers Forderung, den Raum durch Orte einzuräumen und Hugo Härings Forderung, vom Wohnvorgang auszugehen", einzulösen. (Scharoun-Archiv 23. Juni 1952,13)

5

Nicht lange nachdem Scharoun 1955 zum Präsidenten der Berliner Akademie der Künste ernannt worden war, sorgte er dafür, daß neben Hugo Häring auch sein neuer intellektueller Stichwortgeber Martin Heidegger als Mitglied aufgenommen wurde. Der Philosoph bedankte sich dafür bei ihm mit einem Brief vom 18. Oktober 1957, in dem es heißt: „Immer wieder muß ich auf unsere Begegnung in Darmstadt zurückkommen; denn sie sagte mir etwas von einer unausgesprochenen Einstimmigkeit zwischen Ihrem Schaffen und meinen Versuchen. Ich hege die Hoffnung, daß sich meine mögliche Mitarbeit in Ihrer Akademie wird nach dieser Richtung bewegen können." (Scharoun-Archiv)
Um diese Mitarbeit und die Ziele der neu gegründeten Berliner Akademie ging es in dem Gespräch, das Scharoun und Heidegger 1959 in Stuttgart auf dem „Romeo" führten. Für Scharoun stand danach fest, daß Heidegger im kommenden Jahr in der zweiten öffentlichen Mitgliederversammlung einen Vortrag über das *Wesen der Akademie heute* halten müsse. Um so überraschter war er, daß der Philosoph dieses Ansinnen in einem Brief vom 1. Mai 1960 kategorisch zurückwies. Seine Begründung macht deutlich, daß es zwischen beiden trotz großer Übereinstimmungen auch erhebliche Widersprüche gab.
Der Akademiepräsident Scharoun kämpfte heroisch um das Fortleben der deutschen Moderne und nahm dabei die von den Siegermächten oktroyierte Demokratie sehr ernst, was für die Deutschen damals alles andere als selbstverständlich war. „Nur auf einem können wir fußen", heißt es beschwörend in seiner Vorlesung vom Sommer 1952, „auf der Tendenz zur

Hans Scharoun und Martin Heidegger in der Akademie der Künste (1959)

Willy Brandt, Werner Düttmann und Hans Scharoun warten vor der Akademie der Künste auf Bundeshanzler Konrad Adenauer (1961).

Freiheit, zur Toleranz." Und bevor er aus Carl Zuckmayers Text *Amerika ist anders* zitiert, findet sich am Rand des Manuskripts die Bemerkung, der amerikanische Freiheitsbegriff sei „trotz aller technischen und zivilisatorischen Vordergründigkeit hintergründig existent". (Scharoun-Archiv 23. Juni 1952,9) Was soviel heißen sollte wie: Mag uns auch die Freiheit im Gewand des „american way of life" oberflächlich anmuten, ihr wahres Wesen läßt sich dennoch dort und vielleicht sogar *nur dort* erfahren und bewahren.
Dem hätte Heidegger niemals zugestimmt. Zeit seines Lebens stand er Amerika ablehnend gegenüber. Seine Distanz zum kommunistischen Osten war nicht stärker ausgebildet als zum kapitalistischen Westen. Mehrfach äußerte er den Satz, metaphysisch gesprochen seien Rußland und Amerika dasselbe, zumal in beiden Ländern ein radikaler Vernunftglaube und Öffentlichkeitswahn herrsche. Scharoun gegenüber begründete er darum seine Absage, über das Akademiewesen zu sprechen, mit den Worten: „Heute ist alles zerstreut und ganz verschiedenartig nach Herkunft und Absicht. Frag-würdiges läßt sich heute nur im engsten Kreis bei stetiger Sammlung durchdenken; sonst bleibt es auch für eine ‚Akademie' nur eine ‚Veranstaltung', die bei einer Eröffnung sehr wohl ihren Sinn haben kann, es aber nicht nötig hat, die eigentlichen Anliegen und Aufgaben dem seltsamen Gebilde ‚Öffentlichkeit' preiszugeben." Der Brief schließt mit den Worten: „Nicht nur dies also, daß sich Frag-würdiges bei solcher Gelegenheit nicht aus-sagen läßt, sondern das Gefräßige der Öffentlichkeit verwehren es mir, als Redner aufzutreten. Meine ‚Bedrängnis' in der Sache ist so groß wie die Ihrige." (Scharoun-Archiv)
Die Enttäuschung über diese Absage saß tief und beendete einen Kontakt, der an der gegensätzlichen Einschätzung der Bedeutung demokratischer Öffentlichkeit gescheitert war, während die Weigerung Heideggers, sich seiner nationalsozialistischen Vergangenheit zu stellen, nicht schon zum Konflikt geführt hatte.
Einig war man sich in der Ablehnung der hemdsärmeligen Geschäftigkeit der Wiederaufbauzeit gewesen, die Heidegger ins Grundsätzliche steigerte. In seinem Aufsatz *Nietzsches Wort: Gott ist tot* vertrat er die Meinung, daß die Kritik der „Seinsvergessenheit" im Grunde Vernunftkritik sei. Der letzte Satz seines 1950 in *Holzwege* veröffentlichten Textes lautet: „Das Denken beginnt erst dann, wenn wir erfahren haben, daß die seit Jahrhunderten verherrlichte Vernunft die hartnäckigste Widersacherin des Denkens ist."(Heidegger 1994,267)

Gemeint war damit nicht, daß unser Denken auf irgend etwas anderes als auf die Vernunft bauen sollte, sondern daß der Versuch, unser Dasein zu ergründen, einer anderen Basis bedürfe als jene Rationalität, der allein in den Blick gerät, was dem *ego cogito* vorstellbar ist und wichtig erscheint. Heidegger leugnete nicht die intellektuellen und wissenschaftlichen Leistungen der abendländischen Vernunft, er würdigte sie als eine notwendige Gestalt einer „Seinsverborgenheit", die nicht revidiert, sondern kritisiert und überwunden werden müsse. Damit repräsentierte sein Denken philosophisch jene Selbstkritik, die Häring und Scharoun, die den Universalitätsanspruch der okzidentalen Rationalität in Gestalt des *International Style* anzweifelten, für die Architektur beanspruchten.

6

Nachspiel. 1970 kam Heidegger, inzwischen einundachtzigjährig, ein letztes Mal aufs Wohnen zu sprechen. Für die Festschrift des neunzigjährigen Gustav H. Steinbömer schrieb er den Beitrag *Das Wohnen des Menschen*, in dem er Hölderlins Wort „Voll Verdienst, doch dichterisch, wohnet der Mensch auf dieser Erde" interpretierte und den Abstand vergrößerte, den bereits sein Darmstädter Vortrag zur Architekturpraxis hielt. Hatte er diesen mit den Worten beschlossen, daß die Sterblichen das Wohnen erst noch lernen müßten, und damit die Frage der Architekten nach der denkbar besten Wohnform als völlig verfrüht gerügt, so griff er diesen Faden am Ende seines Lebens noch einmal auf.

In Hölderlins Werk, heißt es, werde das „dichterische Wohnen" den Himmlischen und den Sterblichen gleichermaßen zugesprochen. Mit dem Unterschied freilich, daß die auf Erden Wohnenden und „irdisch Dichtenden" ihr Maß von den Göttern empfangen. Dichten sei „für Hölderlin keine eigenmächtige schöpferische Produktion, sondern das von den Himmlischen gebrauchte, an ihrer Macht das Maß nehmende Bauen am Werk des Sagens". (Heidegger 1983,155) Die Götter hätten zu eigenem Lob und Preis die Dichter nötig, die wiederum zur Errichtung ihrer Sprachbauwerke sich der Macht der Unsterblichen vergewissern müßten. Im Sog seiner „Demutsphilosophie", die den Menschen dem „Geschick" unterwirft, bezeichnet Heidegger den Ort, an dem die Götter sich den Sterblichen maß*gebend* zuneigen und die Irdischen sich vor den Unsterblichen maß*nehmend* verneigen, folgerichtig als „Neigungsgegend". Allein in ihr ereigne sich das dichterische Wohnen als Geborgenheit des Menschen im Sein.

Besteht in unserer profanen technischen Welt überhaupt Hoffnung auf solch eine emphatisch verstandene Geborgenheit? Heidegger verneint dies. Der Mensch wohne heute undichterisch, weil er das Maß zu all seinen Unternehmungen „von dieser durch seine Machenschaften verunstalteten Erde" nehme. Darum besäßen die vom *homo faber* getroffenen Maßnahmen rein quantitativen Charakter. Recht besehen seien sie maßlos. Hölderlin habe diese Entwicklung geahnt und unter ihren Vorboten gelitten. Seine Sorge habe daher einer „Stiftung der Ortschaft des dichterischen Wohnens des Menschen" gegolten, wie sie in der Elegie *Heimkunft* anklinge. In ihr kehrt der Dichter nach langer Wanderschaft und intensiver Zwiesprache mit den Göttern hoffnungsfroh nach Hause. Hat er doch auf seiner Reise die Erkenntnis gewonnen, daß uns das Ziel all unserer Sehnsucht in Gestalt der Heimat längst begegnet ist. Um so mehr freut er sich:

Heimzugehen, wo bekannte Weege mit Beeren mir sind,
Dort zu besuchen das Land und die rothen Ufer des Nekars,
Und die Wälder, das Grün luftiger Bäume, wo dann
Tannenfarb' ist gesellt zu Buchen ekig und Birken,
Und vielseitig ein Ort freundlich gefangen mich nimmt.
Dort empfangen sie mich. O Stimme der Stadt, der Mutter!
O du triffest, du regst Langgelerntes mir auf!
Dennoch sind sie es noch! noch blühet die Sonn' und das Festlicht,
O ihr Liebsten! und fast heller im Auge, wie sonst.
Ja! das Alte noch ists! das Ständige. Viel ist, doch nichts, was
Liebt und berühmt ist, läßt beinerne Treue zurück.
Blutlos. Aber der Schaz, der unter des heiligen Friedens
Bogen lieget, er ist Jungen und Alten gespart.
(Hölderlin 1976,318/319)

Zuhause glaubt sich der Dichter mehr als anderswo befähigt, „vom großen Vater" zu sprechen und in festlicher Gemeinschaft mit den Angehörigen in eine Stimmung zu geraten, von der es am Ende der Elegie heißt: sie „erfreuet vielleicht Himmlische, welche sich nahn". Schon einmal war Heidegger auf dieses Gedicht zu sprechen gekommen, in seinem umstrittenen Brief *Über den Humanismus* (1946), in dem er die Heimatlosigkeit des modernen Subjekts auf dessen Seinsverlassenheit zurückführte. In ihr glaubte er sogar die Marxsche Entfremdungstheorie begründet. Freilich sah der Antikommunist Heidegger das nichtentfremdete, „eigentliche" Leben keiner sozialistischen Zukunft vorbehalten, es schien ihm weit eher in der längst

verblaßten und darum unleserlichen Spur der entflohenen Götter verschlüsselt.
Nicht nur in Hölderlins Dichten, auch in den Fragmenten der Vorsokratiker mühte sich Heidegger, der Erinnerung an die auf Erden wandelnden Götter habhaft zu werden. Im Humanismusbrief übersetzte er den Ausspruch des Heraklit: ἦθος ἀνθρώπῳ δαίμων nicht, wie dies gewöhnlich geschieht, mit: „seine Eigenart ist dem Menschen sein Schicksal", sondern schlug statt dessen die Übertragung vor: „der Mensch wohnt, insofern er Mensch ist, in der Nähe Gottes" (Heidegger 1991,45). Unter ἦθος, so Heideggers Begründung, sei nicht primär der Charakter oder die Sittlichkeit des Menschen zu verstehen als vielmehr der offene Bezirk, worin er wohnt. Allein in der Nähe des Göttlichen fänden wir unser wahres Zuhause. Doch wo wäre diese Nähe deutlicher zu spüren als auf dem Boden der Heimat?
Als Heidegger das Wohnen zur Sache der Dichter machte und den Architekten die Zwangspause der Heimatkunde verordnete, wurde gerade Scharouns größtes Wohnhochhaus fertiggestellt, in Berlin-Reinickendorf am Zabel-Krüger-Damm. Hatte der Philosoph alle gesellschaftliche Praxis einem Denken unterstellt, welches der instrumentellen Vernunft erst noch abzutrotzen war, trumpfte der Architekt, dem Gesetz des Handelns folgend, um so mehr auf: Über zwanzig Geschosse türmte Scharoun zu einem riesigen Wohngebirge und stellte so dessen Verwandtschaft zur unwirtlichen Gigantomanie des Märkischen Viertels heraus, wo sich zur gleichen Zeit seine Schüler Chen Kuan Lee und Peter Pfankuch „verwirklichten". In Böblingen dagegen – näher zur Heimat Härings, Hölderlins und Heideggers – gelang Scharoun ein Jahr später mit dem Wohnhochhaus *Orplid* das letzte zu seinen Lebzeiten realisierte Beispiel organischen Bauens. Wenig später starb er, vier Jahre früher als der vier Jahre ältere Heidegger, und gehorchte so einer Symmetrie, die ihm in der eigenen Arbeit so wenig gegolten hatte.
Das war 1972. Damals erschien Jacques Derridas *L'écriture et la différence* als *Die Schrift und die Differenz* in deutscher Sprache. Die französische Ausgabe war fünf Jahre zuvor publiziert worden, als im fernen New Jersey der amerikanische Architekt Peter Eisenman *House I* baute, eine auf den ersten Blick modern kubische, auf den zweiten Blick programmatisch antifunktionalistische Architektur, die uns eine Version moderner Selbstkritik vor Augen führt, welche mit der organischen Tradition nichts zu tun haben will. Formuliert wurde sie von einem Architekten, dessen Intellektualität sehr bald schon am „Heidegger-Schüler" Derrida Maß nahm.

Ein neues Kapitel des gemeinsamen Weges selbstkritischer moderner Architektur und „postmoderner" Philosophie kündigte sich an.

Romeo und Julia (2)

1

„Das Heideggersche Thema der Erde und der Wohnstatt als Thema eines Nationalismus oder eines Barresismus zu deuten, heißt das nicht zunächst einmal einer Allergie – Wort und Beschuldigung, die Lévinas oft verwendet – gegen das ‚Klima' der Heideggerschen Philosophie Ausdruck zu geben?" (Derrida 1972,221) Derrida stellt diese Frage in seinem Aufsatz *Gewalt und Metaphysik*, der Emmanuel Lévinas gewidmet ist und dem Sammelband *Die Schrift und die Differenz* entstammt. Die Kritik, die Lévinas an Husserl und Heidegger übte, nimmt Derrida zum Anlaß, dem Leser die Bedeutung der beiden deutschen Philosophen für sein eigenes Denken vor Augen zu führen. Besonders nah steht ihm Heidegger, den er gegen den Vorwurf der Technikfeindschaft und gegen die Behauptung in Schutz nimmt, aus der Rede von der Seinsverborgenheit resultiere ein „gefälliger Kult der Ansässigkeit". Heideggers Definition des Ortes und der Heimat sei „keinesfalls provinzialisch oder partikularistisch". Zum Beweis wird auf den *Humanismusbrief* und den Darmstädter Vortrag *Bauen Wohnen Denken* verwiesen. (Derrida 1972,220f)
Als Derrida Heideggers Philosophie aus ihrer völkisch-ideologischen Umklammerung zu lösen suchte, widmete sich Eisenman mit großem Eifer dem Werk des italienischen Architekten und Faschisten Giuseppe Terragni. Erscheint es auch höchst merkwürdig, daß Derrida sich ausgerechnet von Heidegger und Eisenman sich von Terragni in Bann schlagen ließ – es war in beiden Fällen sicher nicht die Faszination des „Bösen", die beider Interesse weckte. Vielleicht sollte man eher von dem Reiz sprechen, politisch kompromittierten Personen ein Werk zu entreißen, das trotz und gerade durch seine ideologischen Verirrungen hindurch einen imponierenden Grad an Eigensinn und Konsequenz behauptet.
Daß Terragnis Architektur innerhalb der modernen Bewegung in radikaler Weise Anspruch auf artistische Autonomie erhob, hat den „Postfunktionalisten" Eisenman unwiderstehlich angezogen. Und weil er sich nicht darüber grämt, auf dem politischen Auge blind zu sein, ist ihm natürlich die Fa-

talität entgangen, daß Terragnis autonome Formensprache das architektonische Pendant zur ästhetischen Selbststilisierung des italienischen Faschismus bildete. Propagierte dieser das Prinzip der politischen Transparenz, um hinter dem Rücken des Volkes den Schulterschluß von Politik und Kapital nur um so effizienter zu organisieren, so erweckte Terragni mit seiner Architektur den Anschein einer Offenheit, die wohl bestaunt, nicht aber beim Wort genommen werden durfte.

Schon seine frühen Arbeiten machen auf drei wesentliche Tendenzen des italienischen Rationalismus aufmerksam: Erstens nahm er mit Vorliebe Aufgaben wie die Gestaltung von Grab- und Denkmälern wahr, die sich als Emanzipation der Architektur von Zwecken verstehen lassen; zweitens interpretierte er den in der Moderne geforderten Ornamentverzicht als Chance, die vom Fassadenschmuck befreiten Baukörper in ihrer Gesamtheit als Kunstwerke beziehungsweise als architektonische Skulpturen auszuführen; und drittens bestand bei ihm und seinen Mitstreitern großes Interesse an ästhetischen Regeln, die objektive Gültigkeit beanspruchen. Fehlte es an der nötigen Phantasie, solche Normen neu zu entwickeln, wurde das Vokabular des Klassizismus bemüht, das bekanntlich nicht allein von Terragni und seinen Gegenspielern der Novecento-Schule benutzt wurde, sondern auch von so unterschiedlichen Anhängern des Rationalismus wie Auguste Perret, Adolf Loos, Peter Behrens, Mies van der Rohe, dem späten J.J.P. Oud, O. M. Ungers und anderen.

Augenfälliger als die klassizistische Tradition wirkten freilich Futurismus und Konstruktivismus auf den „Razionalismo" ein. Terragnis Wohnblock *Novocomum* in Como (1927/1928) macht dies deutlich, während mit seinem Meisterstück, der *Casa del Fascio*, ein ganz eigener Ton angeschlagen wurde. Von 1932 bis 1936 entstand dieser politische Verwaltungsbau – elegant inszeniert als Ort faschistischer Machtausübung. Typologisch beurteilt ist das Gebäude ein Palazzo mit glasüberdachtem Innenhof. Der Form nach handelt es sich um einen Kubus, proportioniert als halber Würfel, dessen Konstruktion mit weißem Marmor verkleidet wurde. Das Hauptthema des Bauwerks ist aber weder das Zeigen noch das Verbergen, nicht Konstruktion und Funktion, sondern die „Idee der casa di vetro: Die Verknüpfung der kristallreinen Figur architektonischer Bauwerke mit der in strahlendem Glanz aus den Trümmern sich erhebenden civiltà mussoliniana." (Pfammatter 1990,14)

Leuchten wie ein Kristall sollte die *Casa del Fascio* und ebenso transparent sein. Tatsächlich sind in kaum einem zweiten Gebäude dieser Zeit die Fassaden mit solch systematischer Konsequenz perforiert worden. Von der ge-

Giuseppe Terragni, Casa del Fascio
(1932-1936)

Peter Eisenman, House III, Lakeville,
Connecticut (1969-1971)

Peter Eisenman, House 11a, Projekt
für Palo Alto, Kalifornien (1978)

Peter Eisenman, House El Even Odd
(1980)

schlossenen Wand bis hin zur größtmöglichen Durchlässigkeit ist das Thema architektonischer Porosität variantenreich durchgespielt worden. Seine Begrenzungen definiert Terragnis Bau, indem er den Prozeß der Bildung und Selbstauflösung seiner Fassaden in der Schwebe hält. Die Perforation der Außenwände hat sich in einer Weise verselbständigt, daß man nur mehr den Rhythmus der aufgerissenen und geschlossenen Flächen, nicht aber das gewohnte Zusammenspiel von Wänden, Fenstern und Türen wahrzunehmen glaubt. Die traditionelle Typologie des Hauses war damit grundsätzlich in Frage gestellt. Und genau dies hat natürlich den Provokateur Eisenman begeistert, der die Fassaden seiner frühen Häuser ebenfalls mit einer stark perforierten Schichtung von (durchsichtigen und undurchsichtigen) Wänden und Stützen zu verräumlichen suchte.

Von der Zweidimensionalität der *curtain wall* befreit, gewannen seine Fassaden an Tiefe, nicht aber an Masse. In der mit *House I* in Princeton (1967/1968) beginnenden Serie der „cardboard-houses" vergeistigten Eisenmans Entwürfe zu einer Art Anti-Architektur. Gebäude entstanden, die instabil wie Kartenhäuser erscheinen, klapprig leicht, fragil und luftig sind und kaum Konzessionen an die Bedürfnisse der Bewohner machen wollen. Hierzu paßt, daß diese Häuser, im strengen Widerspruch zur Losung der Organiker, von außen nach innen entwickelt wurden. Doch zehn Jahre später mündete Eisenmans Kritik am Funktionalismus in eine persönliche Selbstkritik ein. Anstatt *House X* zu bauen, unterwarf er sich einer langwierigen Psychoanalyse, mit dem architektonischen Resultat, daß seine Häuser nun so tief in den Boden eingegraben scheinen, wie er selbst in seinem Unbewußten zu graben begonnen hatte. Folglich wurden die „cardboard-houses" durch eine Serie von Gebäuden abgelöst, denen kein Luftstoß etwas anhaben könnte.

Sie blieben allerdings Studien. Zuerst entwarf Eisenman 1978 *House 11a*, ein Wohngebäude für eine kalifornische Familie. Es ist ebenso wie die frühen Häuser eher ein Modell denn ein konkretes Gebäude. Noch sträubte sich Eisenman, den irrealen Charakter seiner Architektur aufzukündigen. Aus dieser Unentschiedenheit löste sich auch zwei Jahre später *House El Even Odd* nicht, dessen Bezeichnung (El-Even) an der Werknummer 11 festhält. Mit dem Wortspiel „Even Odd", was soviel bedeutet wie gleich-ungleich oder gerade-ungerade (beziehungsweise bizarr, seltsam), verwies Eisenman auf die ästhetische Strategie der Irritation, die von nun an seine Entwürfe im ganzen zu prägen begann. Im Fall von *House El Even Odd* handelte es sich um ein Verwirrspiel zwei- und dreidimensionaler Darstellungstechniken, wobei ein Kubus zwei „axonometrischen Projektionen"

unterzogen wurde, die zusammen mit der Ausgangsform das Endprodukt bestimmen, das nun völlig im Erdboden versinkt.
Die Irritation, die der an seinem eigenen Rationalismus (ver)zweifelnde Eisenman bezweckt, ist der Tendenz nach als eine Subversion der Vernunft zu begreifen. Zwar will der vom Vorbild Terragnis Beeinflußte den Königsweg rationalistischer Architektur nicht wirklich verlassen und ist darum bis heute ein Antipode des organischen Funktionalismus geblieben, doch läßt er seit den achtziger Jahren nichts unversucht, das Dogmatische und Drakonische des Rationalismus mit Hilfe von Zufallsoperationen und Willkürmaßnahmen zu attackieren. Im *Fin d' Ou T Hou S* (1983) wird zudem der Gestaltungsprozeß über das Endresultat gestellt. Eisenman begab sich damals auf die systematische Suche nach Motiven architektonischer Mehrdeutigkeit und stieß dabei auf den Buchstaben L, der alsbald zur fixen Idee geriet. L-Formen tauchen von nun an immer wieder in seinen Entwürfen auf, um den Übergang von klassischer Stabilität zu instabilen Ordnungen anzudeuten. Das L ist zugleich Richtungspfeil, Falte, Winkel, Ecke, abgeknickte Gerade und, folgte man Le Corbusier, auch der Weg des Esels (oder des Narren und Verliebten...).

2

Mit L beginnt das Wort Liebe (Love), das in der Romantik eine Hochkonjunktur in Antithese zur vernünftelnden Welt der Aufklärung erlebte, die bieder geworden und in den künstlerischen Konventionen der Klassik erstarrt war. Eine neue Epoche wurde eingeläutet, die das Gefühl über eine Vernunft stellte, durch die sich die Menschen in den eiskalten Panzer der Rationalisierung eingeschlossen fühlten. Dieser war schon damals durch kein Herzblut der Welt mehr zu erweichen, darum sollten wenigstens in der Kunst Leidenschaft, Genie und Wahnsinn unangefochten herrschen dürfen. Nicht aber in der Baukultur, die ihren ekstatischen Höhepunkt im Barock erlebt hatte, während die Architekten des 19. Jahrhunderts ihr künstlerisches Heil in den staatlichen Bauverwaltungen suchten.
Immerhin gab es Berührungspunkte: im Theater beispielsweise, das die Architekten klassizistisch entwarfen, während die romantischen Autoren die hehre Vorstellung von der Bühne als moralischer Anstalt zu langweilen begann. Ihre Suche nach verwandten Seelen in der Geschichte führte zur begeisterten Wiederentdeckung Shakespeares. Seine Dramen gehören seitdem zum festen Bestand der großen Schauspielhäuser. *Romeo und Julia*

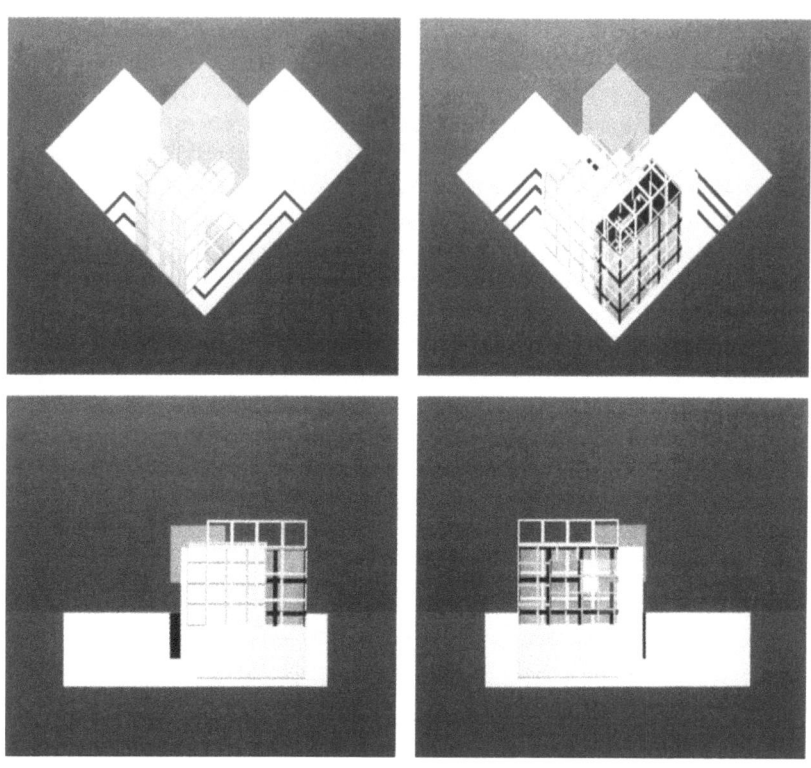

Peter Eisenman, Fin d'Ou T Hou S (1983)

zählt noch heute zu den populärsten Liebesgeschichten der Weltliteratur und hat sogar dem Verstandesmenschen Eisenman den Kopf verdreht, der 1985 seinen Beitrag für die Biennale in Venedig dem tragischen Liebespaar Shakespeares und Verona, dem Ort der Handlung, widmete.

Als Erläuterung des Projekts publizierte Eisenman im Jahr darauf einen Text mit dem Titel *Moving Arrows, Eros and other Errors*, der zum einen die fliegenden Pfeile Amors assoziieren läßt, zum anderen mit der Lautverwandtschaft von „Arrow", „Eros" und „Errors" spielt und vielleicht auch einen Hinweis auf Shakespeares *Komödie der Irrungen* im Schilde führt. Als Untertitel wählte Eisenman *An Architecture of Absence* und machte damit auf eine Fragestellung aufmerksam, in der sich das implizit „romantische" Programm seiner Architektur verbirgt. Er selbst würde sicher die Zumutung des Romantischen weit von sich weisen, doch steht im Zentrum vieler seiner Texte das Geheimnis der Abwesenheit, von der es an einer Stelle heißt, sie sei „entweder die Spur einer ehemaligen Gegenwart, dann beinhaltet sie *Erinnerung*, oder [...] die Spur einer möglichen Gegenwart, dann besitzt sie *Immanenz*". (Eisenman 1995,90)

Gemeint ist, daß sich die „architecture of absence" wahlweise mit der Vergangenheit oder aber mit Alternativen zur Gegenwart auseinandersetzt, wobei es sich beide Male um eine Spurensuche handelt und darum, neue Spuren zu legen. Dementsprechend will sich Eisenman in Zurückhaltung üben: Seine Bauten sollen blaß und weich genug sein, damit sich ihnen vergangene und ebenso auch virtuelle Geschehnisse einprägen können. Architektur als Wachstäfelchen? Das scheint durchaus so gemeint zu sein. Eisenman spricht in Erinnerung der Verweigerungshaltung seiner frühen Jahre davon, daß sich der Architekt darin üben soll, „schwache Bilder" zu produzieren. Schwach im Sinne jener Undeutlichkeit, die aus Bauwerken offene Texte macht, welche durchlässig sind für vergessene Erzählungen. Das Ziel ist nicht länger, Architektur zu entwerfen, als vielmehr „Architektur zu schreiben", sie in Anlehnung an Derrida als Schrift zu verstehen. Sukzessive will der Entwurfsautor Eisenman hinter seinen Architekturtexten verschwinden und dabei die Benutzer seiner Bauten zum intellektuellen Lesepublikum einer ihrerseits zur Kunstlektüre nobilitierten Architektur adeln.

Und noch etwas kommt hinzu: In der Blässe der „architecture of absence" (die bisweilen mit bonbonfarbenem Rouge aufgefrischt wird) schlummert laut Eisenman die Kraft, Orte zu definieren. Während die postmoderne Abkehr von der Moderne sich auf die Präsenz der Orte fixierte und damit auf die Vorstellung, „der Ort existiere als ein fortdauerndes, erkennbares

Peter Eisenman, Romeo und Julia, Verona, großes Modell (1985)

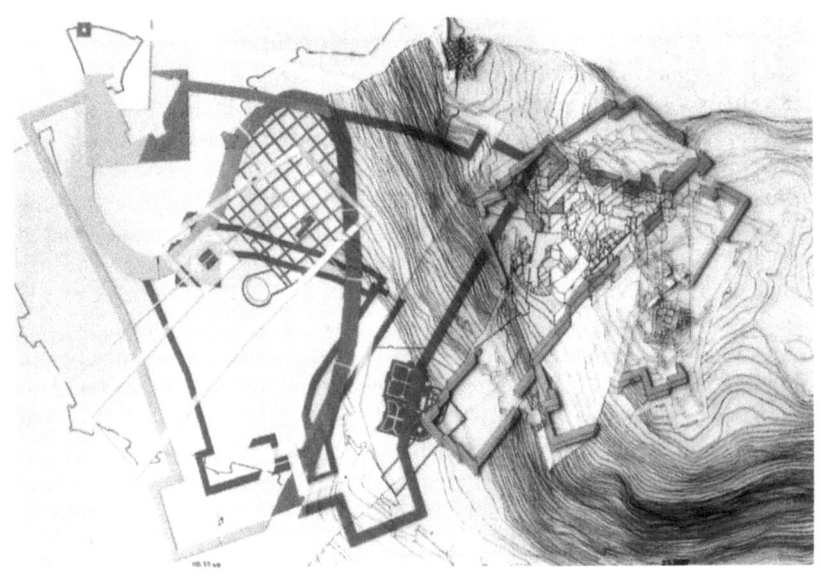

Peter Eisenman, Romeo und Julia, Verona, axonometrische Studie (1985)

Ganzes", erlaube es das Konzept der Architektur als Schrift, einen Ort nicht länger nur in seiner Präsenz oder Gegenwärtigkeit zu betrachten, sondern ebenso „als Palimpsest und als Fundgrube und Steinbruch". (Eisenman 1995,92) Nur so bleibe er nicht länger statisch, starr und leblos. Dem postmodernen Kontextualismus wird vorgeworfen, er stelle den Ort im Gebot seiner unbedingten Präsenz still und töte so jegliche historische Dynamik in ihm ab. Wie Eisenman das eigene Entwerfen prozessualisieren und von der repressiven Idee, es müsse so etwas wie ein fertiges Endprodukt geben, emanzipieren will, so bemüht er sich darum, auch den Ort, für den er plant, als einen von vielfältigen historischen Entwicklungen geprägten und von unterschiedlichen „Texten" überschriebenen ins Bewußtsein zu heben. Nicht *eine* Geschichte soll über die anderen dominieren und architektonisch konserviert werden, es soll vielmehr alles zu Wort kommen und dem Vergessen abgerungen werden, was an einem bestimmten Ort passiert ist und hätte geschehen können. Die „Architektur des Abwesenden" ist als Losung gedacht gegen die Amnesie und die Konservierung der Geschichte.

Entsprechend ist das Programm des Biennale-Entwurfs der Versuch, die teils vergessenen, teils musealisierten Handlungsorte Romeo und Julias in Verona „für die beiden Schlösser gleichen Namens im Montecchio, außerhalb von Vicenza", (Eisenman 1995,159) in einer Art Erlebnislandschaft wieder aufleben zu lassen. Dies freilich in komplex verfremdeter Gestalt, als ein Bündel sich unkenntlich überlagernder Schichten. Als Ingredienzen seiner in die Vergangenheit und in die Zukunft spekulierenden Architektur-Archäologie wählte Eisenman die drei entscheidenden Situationen des Liebesdramas samt ihren Handlungsorten. Im einzelnen führt er auf: die *Trennung* der Liebenden am Balkon der Julia, die *Vereinigung* Romeo und Julias in der Kirche, in der die heimliche Trauung stattfand, und die *Dialektik von Trennung und Vereinigung* an Julias Grab.

Entscheidend für den Entwurf ist, daß Eisenman behauptet, diese drei Situationen seien im Plan der Altstadt Veronas, der auf ein ehemaliges römisches Militärlager zurückgeht, symbolisiert. Die *Trennung* des Liebespaars sieht er in den beiden Hauptachsen repräsentiert, welche die antike Siedlung durchkreuzten und von den Römern Cardo und Decumanus genannt wurden. Die *Vereinigung* Romeo und Julias stifte hingegen das Straßenraster der Altstadt, während der Fluß Adige, der sich mit zwei mächtigen Bögen durch Verona schlängelt, die *Dialektik von Trennung und Vereinigung* veranschauliche. Die Handlungsorte wiederum sind fester Bestandteil der Veroneser Tourismusindustrie: Julias Haus mit dem Balkon ebenso

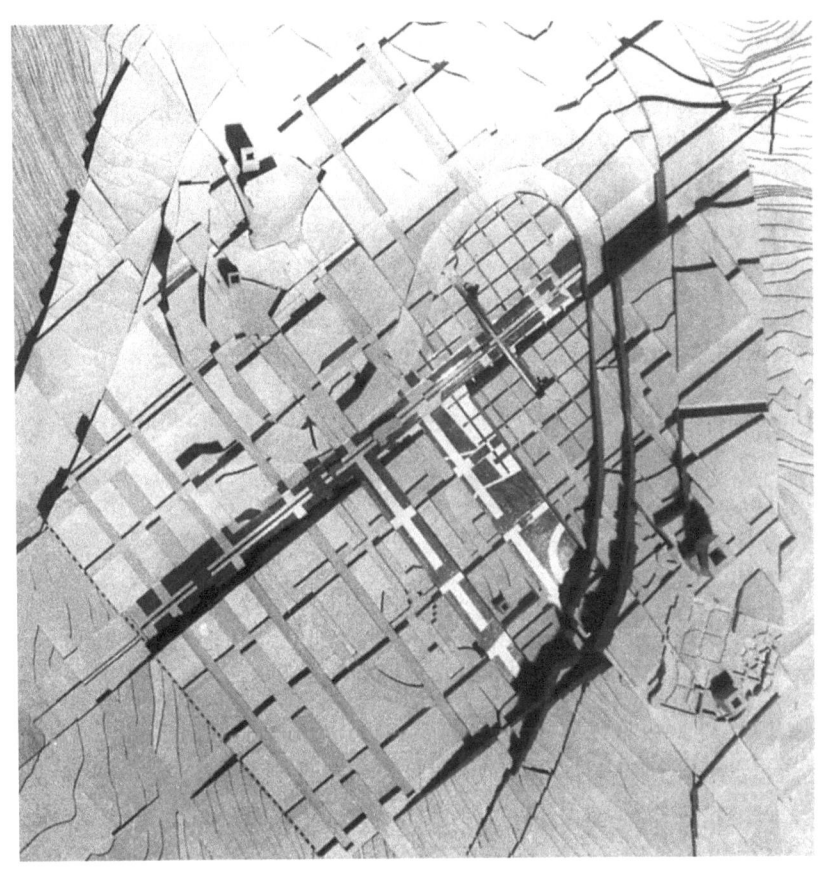

Peter Eisenman, Romeo and Julia, Verona, Modellansicht (1985)

wie die Kirche, in der das Paar getraut wurde, und sogar ein Friedhof mit Julias Grabmal. Zählt man nun noch die beiden Schlösser der beiden in Shakespeares Drama verfeindeten Familien hinzu, kennt man das gesamte Literatur, Geschichte und Städtebau umfassende Material, aus dem Eisenman einen neuen „architektonischen Text" komponiert hat.

Sein Ziel war es, eine Kunstlandschaft zu schaffen, die aus einer komplexen Schichtung unterschiedlichster Spuren des Präsenten, Erinnerten, Hinzugedichteten und Abwesenden besteht. Hierzu wählte Eisenman die Techniken der Collage und des „scalings". Letzteres bezeichnet ein ästhetisches Verfahren, das die einzelnen Elemente des Entwurfs mit stets neuen Maßstabsprojektionen verfremdet und einander überlagert. Auf diese Weise soll ein nahezu unentwirrbares Bild einer Vielzahl von Spuren entstehen, ein Trampelpfad, der sich dem Wunsch nach einer lückenlosen Rekonstruktion verweigert und gerade dadurch die Bergung jenes Unterdrückten ermöglicht, das Eisenman den „Text des Dazwischen" nennt. (Eisenman 1995,159)

An dieser Stelle ist daran zu erinnern, daß Heidegger das griechische ἀλήθεια mit „Unverborgenheit" statt mit Wahrheit übersetzt wissen wollte, weil er unter Wahrheit das Heraustreten des Seins und des Seienden aus seiner Verborgenheit verstand. Wahrheitssuche ist „lichten", womit freilich nicht das Licht der Aufklärung gemeint ist. Für den Philosophen verstellten ja gerade die der modernen Ratio entsprungenen Wissenschaften das, was die Griechen unter ἀλήθεια begriffen. Vernunftkritik ist aber auch Eisenmans Anliegen. Das Abwesende, das er mit seinen Entwürfen ins „Unverborgene" heraustreten lassen möchte, soll ja genau das in Erinnerung rufen, was von der im Bann der okzidentalen Vernunft stehenden Architektur seit jeher verleugnet wird. Dennoch wagt es Eisenman nicht, sich von seinen rationalistischen Entwufsstrategien endgültig zu verabschieden. Wohl sollen die komplexen Maßstabssprünge des „scaling" den Verstand des Betrachters irritieren, doch wird er hierdurch nicht ausgeschaltet. Vieles spricht dafür, daß der intellektuelle Reiz, der Eisenman zu seinem raffinierten Gedankenspiel verführte, wieder auflebt in unserem Ehrgeiz, die Elemente des Entwurfs durch alle Maßstabsverfremdungen hindurch zu identifizieren.

Der Teufelskreis schließt sich: Die Cleverness, welcher der Verstandesmensch Eisenman zu entrinnen trachtet, perpetuiert sich im Rezipienten, der nicht umhin kann, intellektuell genau das verstehen zu wollen, was doch der logischen Denkarbeit eine Nase drehen möchte. Die Zeichnungen und Modelle zum Romeo-und-Julia-Projekt lassen nichts davon ahnen, worum es Eisenman in der Hauptsache zu tun ist. Der aufdringliche Rätselcharakter seiner Produkte droht das Postulat vom „schwachen Bild" zunichte zu machen. Es scheint darum mehr als fraglich, ob sein Projekt, wenn es verwirklicht worden wäre, all das ins Ästhetische transformiert hätte, was in den Zeichnungen und Modellen bloß kompliziert anmutet. Die romantische Verliebtheit Romeos und Julias, die Shakespeare schildert, ohne ein Blatt vor den Mund zu nehmen, kühlt unter den Händen Eisenmans zur platonischen Liebe ab, zu einem Verstandeskonstrukt. Es präsentiert sich uns als bizarres architektonisches Relief, als ein gigantisches Labyrinth, für das man Neugier empfindet, ohne wirklich dafür zu entflammen. Allein die wispernden Stimmen sowie das erwartungsfrohe und lustvolle Erschrecken, das wir gewöhnlich mit einem barocken Irrgarten assoziieren, geben Eisenman recht, von einer „Architektur des Eros", mithin von der „romantischen" Emanzipation seines wissenschaftshörigen Rationalismus zu sprechen.

3

Die Kritik richtet sich gegen das Ergebnis, trifft sie auch die Methode? „Scaling" ist eine Technik der Maßstabsverwirrung. In *Romeo und Julia* werden die Grundrisse der einzelnen Entwurfselemente aus zwei Gründen in unterschiedlichen Maßstäben übereinanderprojiziert: Zum einen soll das, was Eisenman den Anthropozentrismus der Moderne nennt, die Festlegung der Architektur auf klassische Proportionsregeln, mit dem Mittel der Maßstabslosigkeit durchbrochen und irritiert werden. Zum anderen geht es ihm um die Verzeitlichung der Architektur. War die Avantgarde der zwanziger Jahre damit beschäftigt, architektonische Metaphern für das Entwicklungstempo der Moderne zu entwickeln, will Eisenman das Thema Zeit durch Manipulationen des Maßstabs, durch willkürliche Streckungen und Schrumpfungen der Grundrisse zum inneren Motor des Entwurfsprozesses selbst machen.
In seinem Aufsatz *Die Architektur und das Problem der rhetorischen Figur* (1987) versucht er Sigmund Freuds Ansicht zu widerlegen, das historische Nacheinander ließe sich in der Architektur nur als ein Nebeneinander veranschaulichen. In Freuds Behauptung, ein und derselbe Raum vertrage nicht zweierlei Ausfüllung, vermutet Eisenman „fünfhundert Jahre einer kulturellen Verdrängung", die das Bauen darauf beschränkt habe, „Inbegriff der Wirklichkeit" zu sein. (Eisenman 1995, 99f) Spätestens in der Infor-

mationsgesellschaft aber könne man die Architektur nicht länger darauf festlegen, ausschließlich aus Mörtel und Ziegel, Konstruktion und Funktion zu bestehen. Statt dessen müsse sie ständig neu definiert und im Fluß gehalten werden.

Tatsächlich sehen wir Eisenman zunehmend darum bemüht, die Architektur um Aspekte des Irrealen und Irrationalen zu erweitern. Andererseits haben ja weder Palladio, Ledoux, Schinkel, Le Corbusier oder Louis I. Kahn, um nur einige wenige Protagonisten rationalistischer Architektur zu nennen, in irgendeiner Phase ihres Schaffens die „platonisch-irrationale" Tradition ihrer Ästhetik verleugnen wollen. Der Versuch der Transzendierung der Architektur, ob nun ins kristalline Reich magischer Zahlen, griechischer Proportionen oder, wie im Falle Eisenmans, in die geometrisch verklausulierte Welt postfunktionalistischer Textualität, steht als esoterisches Hauptanliegen hinter der formalen Strenge all ihrer Bauwerke.

Daß Rationalisten stets hochgradig verführbar sind durchs Esoterische, welches sie regelmäßig mit Philosophie verwechseln, und daß ihre strengen arithmetischen Operationen abgewonnenen Bauten oft genug Tarnkappen sind, die irrationalen Spekulationen übergestülpt werden, diesem Verdacht hat Derrida in seinem (bereits im ersten Kapitel dieses Essays zitierten) Brief an Eisenman vom Oktober 1989 Ausdruck gegeben. Im Hinblick auf das Romeo-und-Julia-Projekt steht dort zu lesen: „Ich beschränke mich auf das, was Du in *Moving Arrows, Eros and Other Errors* über die Anwesenheit einer Abwesenheit sagst, was Romeos Schloß, ein Palimpsest und ein Steinbruch, und noch anderes betrifft. Dieser Diskurs über die Abwesenheit oder die Gegenwart einer Abwesenheit verblüfft mich nicht nur, weil er so viele Tricks, Komplikationen und Fallen übergeht, die der Philosoph, und besonders wenn er ein wenig ein Dialektiker ist, nur zu gut kennt, und wenn er fürchten muß, daß auch Du Dich wieder darin verfängst. Er verwirrt mich auch, weil er so viele religiöse Interpretationen Deiner Arbeit ermöglicht hat, ganz zu schweigen von den vagen jüdischtranszendenten Ideologisierungen. Ich habe ein wenig den Verdacht, daß Dir diese Auslegungen gefielen und Du sie sogar gefördert hast." (Derrida 1995,165f)

Und Derrida bohrt weiter, indem er Eisenman fragt, wie er denn im Unterschied zu seiner „sakralisierten" Architektur einen wirklichen „Ort des Gebetes", beispielsweise eine Synagoge, entwerfen würde? Der Philosoph bezweifelt ausdrücklich, daß Eisenman überhaupt in der Lage ist, zwischen profanen und religiösen Bauwerken zu unterscheiden. Derrida verdeutlicht seine Skepsis, indem er auf ihr gemeinsames Projekt *Choral Works* zu

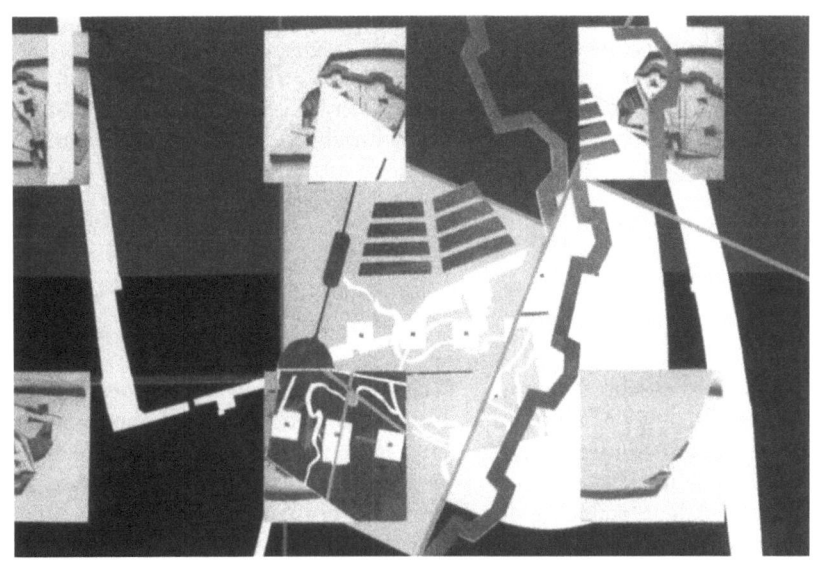

Peter Eisenman, „Choral Works", Parc de la Villette, Paris, Collage (1986)

sprechen kommt. Im Rückblick weiß er allerdings nicht mehr recht zu sagen, ob es sich dabei tatsächlich um eine Kooperation handelte: „Ich bin mir nicht sicher, ob Du Chora in so radikaler Weise detheologisiert und deontologisiert hast, wie ich mir das gewünscht hätte (Chora ist weder die Leere, wie Du manchmal nahelegst, noch die Abwesenheit, noch die Unsichtbarkeit, und noch weniger das Gegenteil von dem)." (Derrida 1995,166)

4

1987 veröffentlichte Derrida den Text *Chora*, eine Auseinandersetzung mit dem Dialog *Timaios*, in dem Platons Kosmogonie, die Lehre von der Weltentstehung, überliefert ist. Hatte in den früheren Dialogen Sokrates das Wort geführt, ist es nun ein pythagoreischer Astronom mit Namen Timaios, der die Geschichte des Kosmos bis hin zur Erschaffung des Menschen erzählt. Dabei kommt er auch auf vertrackte philosophische Probleme zu sprechen. Gleich zu Anfang führt er die Welt auf zwei Ursachen zurück, auf Sein und Werden, um dann in der Mitte seiner Ausführungen ein drittes Prinzip zu erwähnen, eine „schwierige und dunkle Gattung", von der es heißt, „daß sie alles Werdens Aufnahme sei wie eine Amme". (Platon 1959,171) Für sie wird der Begriff χώρα gewählt.
„Chora" vermittelt zwischen Sein und Werden, mithin zwischen der Welt der Ideen, die der Sphäre des Verstandes zugehören, seit Ewigkeit bestehen, unsichtbar, unvergänglich und unvermischbar sind, und der sinnlich wahrnehmbaren Welt des Seienden, das permanent entsteht, vergeht, sich miteinander mischt und in steter Bewegung begriffen ist. „Chora" ist wie das Sein unvergänglich, dennoch gehört sie nicht dem Reich der Ideen an. Aber sie ist auch kein Bestandteil der materiellen Welt. Gewiß ist laut Platon nur, daß „Chora" das Seiende sichtbar macht, indem sie allen realen Dingen und Lebewesen Raum bietet, in Erscheinung zu treten. „Chora" gießt das Seiende gleichsam in Formen und verbindet so das intelligible Sein mit dem konkreten Werden. Sie bietet die Voraussetzung dafür, daß die Dinge ihren Ort in der Welt haben. Doch ist sie nicht selbst dieser Ort, für den die alten Griechen das Wort τόπος reserviert hielten.
Heidegger hat darauf aufmerksam gemacht, daß „Chora" weder Ort noch Raum bedeutet und ebensowenig als formende Kraft mißverstanden werden darf. Wohl gewinnt das Werdende in „Chora" erst seinen Umriß, seine Gestalt, „damit dies aber möglich ist, muß der ‚Raum' bar sein aller der Wei-

sen des Aussehens, die er irgendwoher soll aufnehmen können". (Heidegger 1998,50) Kurzum, „Chora" hat keinen „eigenen Anblick", sie ist ein Medium, worin sich die Dinge ausdehnen können. Gleichwohl hat es sich in modernen Übersetzungen eingebürgert, „Chora" schlicht mit Raum wiederzugegeben. In der Nachfolge Heideggers wendet sich Derrida gegen diese Praxis, die der Intention des *Timaios* zuwiderlaufe. Dort sei „Chora" als ein Prinzip verstanden, das die realen Dinge materialisiert, ohne selbst in Erscheinung zu treten. Sie ist nicht Idee und Seiendes, nicht Subjekt und Objekt. Sie ist etwas dazwischen und darum weder dem Reich des Logos noch dem des Mythos zugehörig. Genau dieser Umstand der Unentscheidbarkeit fasziniert Derrida. Die „Logik der Kausalität, von Ursprung und Folge, mißachtend, ist die chora vor-ursprünglich, vor und außerhalb aller Generation hat sie nicht einmal den Sinn eines Vergangenen" (Englert 1992,63) und gleicht darum Derridas „Différance", die sich ebenfalls jeder „chrono-logischen Ordnung" zu entziehen trachtet.
1986, als Derrida an seinem Text *Chora* arbeitete, forderte Bernard Tschumi ihn und Peter Eisenman auf, innerhalb des Parc de la Villette in Paris einen Garten zu gestalten. Der Architekt und der Philosoph wollten diese Aufgabe zum Anlaß nehmen, die Raumtheorie Platons in Architektur zu verwandeln. Es entstand ein Projekt, das sie nicht ohne Ironie *Choral Works* beziehungsweise anspielungsreicher *Chora L Works* nannten. Es darf spekuliert werden: Während Derrida Begriff und Theorie der „Chora" beisteuerte, machte sich Eisenman an die Entwurfsarbeit („Works"). Das „L" bzw. die L-Form, die in den kleinen Pavillons des Projekts auftaucht, welche dem Typ nach *House 11a* entsprechen, stiftet die „L"iebreiche Verbindung zwischen Derridas und Eisenmans Arbeit. Auch die Lesart „Choral" (Gemeindegesang) thematisiert ihre Kooperation, von der wir allerdings wissen, daß sie nicht gerade reibungslos und intonationssicher verlief.
Scharoun hatte es sich gegen Ende seines Lebens gewünscht, mit einem Philosophen vom Range Heideggers in einen kontinuierlichen Gedankenaustausch zu geraten, und sicher hätte ihn das Experiment eines gemeinsamen Projekts außerordentlich gereizt. Lebte er noch, würden ihn die *Choral Works* vielleicht eines Besseren belehrt haben. So befruchtend Architektur und Philosophie im Zeichen moderner Selbstkritik aufeinander einwirkten – in allzu großer Nähe wuchs stets auch die Gefahr gegenseitiger Mißverständnisse. Diese gründen in einer irritierenden Grenzverwischung der unterschiedlichen Tätigkeiten, die den Architekten und den Philosophen voneinander trennen. Ist auch die Infragestellung von Grenzen ein Motiv, das

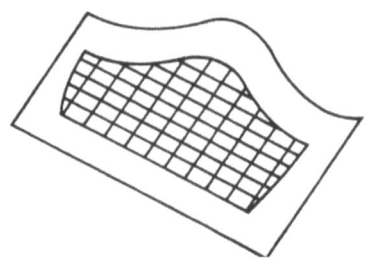

Jacques Derrida, Lyra (1986)

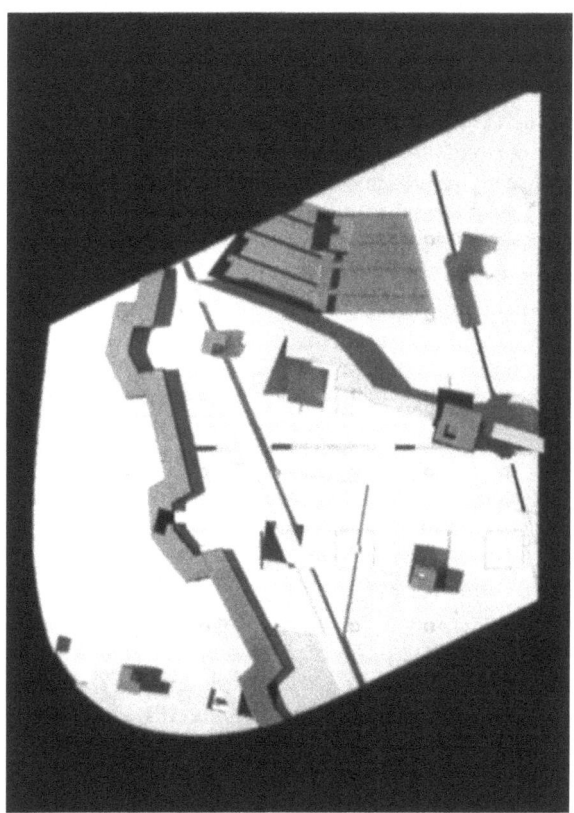

Peter Eisenman, „Choral Works", Parc de la Villette, Paris,
Axonometrie des Entwurfs (1986)

Eisenman und Derrida miteinander teilen, zeigt die Realität, daß zwischen dem Diskurs, auf den sich zwei Experten verschiedener Disziplinen einigen können, und ihren unterschiedlichen Arbeitsweisen ein tiefer Graben verläuft.

5

Glücklicherweise liegen zur Beurteilung der Gemeinschaftsarbeit *Choral Works* nicht allein der Text *Chora* von Derrida und die Zeichnungen, Collagen und Modelle vor, die Eisenman beisteuerte. Wir besitzen gleichfalls einige Äußerungen und Dokumente, die uns die Beweggründe und Probleme dieser schwierigen Kooperation schildern. Hierzu gehören Texte Eisenmans, die Derridas Philosophie reflektieren, und ein Gespräch mit Charles Jencks (1988), in dem er seine Unzufriedenheit über die Zusammenarbeit mit dem Philosophen zum Ausdruck brachte, zudem Derridas mehrfach erwähnter Brief an Eisenman und der Aufsatz *Pourquoi Peter Eisenman écrit de si bons livres* (1986), in dem über die Palimpsest-Struktur der *Choral Works* gesprochen wird und eine Skizze abgebildet ist, von der Eisenman behauptet: "Schließlich haben wir Jacques gezwungen, etwas zu zeichnen. Er zeichnete die Lyra, die sowohl die Gestalt als auch der Rahmen für den Standort wurde." (Eisenman 1995,258) Tatsächlich kann die „Lyra" in dieser doppelten Funktion aus dem Biennale-Entwurf herausgelesen werden. Indes – handelt es sich tatsächlich um ein Musikinstrument? Unter den Saiteninstrumenten kam im antiken Griechenland der Leier die größte Bedeutung zu. Gebräuchlich war sie in zwei Ausführungen: als Kithara oder als Lyra. Letztere war ein einfaches Dilettanteninstrument mit einem schalenförmigen Korpus aus Schildkrötenpanzer oder ausgehöhltem Holz, einer Bespannung aus Tierhaut und zwei Armen aus Holz oder Tierhörnern, die mit einem Querjoch verbunden waren. Zwischen diesem und dem Korpus waren die Saiten befestigt, die mit einem Plektrum gezupft wurden. Ein solches Instrument, von dem uns Darstellungen auf antiken Vasen eine genaue Vorstellung geben, läßt sich beim besten Willen nicht in Derridas Zeichnung wiedererkennen. Zumal die Tatsache des fehlenden Resonanzkörpers und der Umstand einer längs und quer verlaufenden „Saitenbespannung" darauf aufmerksam machen, daß dieser Gegenstand zur Tonerzeugung völlig ungeeignet wäre.
Ein Musikinstrument ist es also nicht, was Derrida skizzierte, obschon er selbst dieser Meinung Vorschub geleistet hat und damit zu erkennen gab,

Peter Eisenman, Guardiola House, Puerto De Santa Maria, Cádiz (1988)

Peter Eisenman, „Choral Works", Parc de la Villette,
Paris, Modellansicht (1986)

daß er und Eisenman offenbar nicht viel hiervon verstehen. Immerhin wäre denkbar, daß es sich um ein Instrument handelt, das gezielt unspielbar gemacht wurde. Es ist stumm, was bestens dem Umstand korrespondiert, daß Derrida während der Zusammenarbeit mit Eisenman zunehmend schweigsamer wurde. Er selbst gibt zu, sich allzusehr „im Diskurs verschanzt" zu haben. Und tatsächlich hatte Derrida mit seiner „Lyra", die er auch „la chora de Choral work" nennt, (Derrida 1987,503) sein Gebiet, die Philosophie, überhaupt nicht verlassen. In Analogie zu „Chora", diesem Zwitterwesen zwischen Sein und Werden, kreiselt auch sein „Instrument" auf einer Ecke, balancierend zwischen Himmel und Erde, und ist viel mehr als einer Lyra einem Sieb vergleichbar, einem wackligen „Ideenrost", durch den die „Choral Worker" ihre Gedanken und Phantasien schaufelten.

Die „Choral Worker"? Es scheint eher so zu sein, als habe Derrida, nachdem er, wie es heißt, dazu gezwungen werden mußte, etwas zu zeichnen, ein Symbol für seine bewußt passiv verstandene Rolle finden wollen. Als wollte er selbst die „Chora" sein, der Gedankenraum, in den hinein der Architekt Eisenman seinen Entwurf formen sollte. Der jedoch zeigte sich mit dieser Art der Arbeitsteilung unzufrieden. Auf Jencks' Frage, ob er enttäuscht darüber gewesen sei, daß Derrida keinen stärkeren Part gespielt habe, antwortete er: „Der Fehler bei dem Werk war in gewisser Weise der, daß mir keine Zügel angelegt waren, daß ich nicht von meiner vorhandenen Position zu einer neuen Position geführt wurde [..] Ich denke es ist eine Zusammenarbeit, die eines Tages klappen wird; noch hat sie nicht geklappt." (Eisenman 1995,258)

Eisenman wollte das Programm des gemeinsamen Projekts in der Idee der „Chora" begründet sehen. Doch Derridas Chora-Konzeption bot das Gegenteil eines möglichen Programms. Zumindest ließ sich daraus keine Handlungsanweisung ableiten. Die Idee der „Chora" kann nicht wie so manche naturwissenschaftliche und technische Erkenntnis, der sich Eisenman in seinen Projekten bedient, problemlos in eine Entwurfsstrategie verwandelt werden. Derrida jedenfalls streicht in seinem Brief heraus: „Ich hatte damit nichts zu tun und konnte auch nichts damit tun, das heißt, für die Stadt Paris, für La Villette, die kleine Stadt; Du siehst was ich meine (und hier wird vielleicht der ganze Unterschied zwischen uns deutlich)." (Eisenman 1995,166) Die Zurückhaltung, die ihm vorgeworfen wurde, ist durch die Passivität und Ambivalenz gekennzeichnet, die „Chora" eignet. Was ihn und Eisenman trennte, das waren nicht so sehr theoretische Differenzen als vielmehr Unterschiede des Metiers. Derridas „Lyra" repräsentiert keine konkrete gestaltgebende, sondern eine intelligible Sphäre. Bauwerke aber stehen auf dem Boden konkreter Tatsachen.

Daß Eisenman kurz entschlossen Derridas Skizze nahm und in seinen Entwurf einarbeitete, wobei er sie räumlich interpretierte, terrassierte und ihr „Saitenraster" verkleinerte, das er zuvor aus dessen Rahmen gedreht hatte, könnte durchaus ein Akt der Verzweiflung gewesen sein. Der Verzweiflung darüber, daß der Philosoph sich weigerte, die Grenze zu ignorieren, die ihn von der praktischen Tätigkeit des Architekten trennt. Eisenman spürt da weniger Skrupel. Seit er das *Wexner Center* in Columbus (1985-1988) realisiert hat, betont er gern, ein praktizierender Architekt zu sein, der sich nicht scheut, weite Expeditionen ins Reich der Philosophie und der modernen Naturwissenschaften zu unternehmen, um dort auf Ideenjagd zu gehen. Jeden reizvollen Gedanken, den er findet, versucht er als Architekturform zu deuten. Das ist durchaus legitim. Und es ist auch kein Problem, daß ihm dabei Mißverständnisse unterlaufen, solange sich seine intellektuelle Piraterie produktiv aufs Entwerfen auswirkt. Wirklich erfolgreich aber kann die architektonische Verwandlung philosophischer Ideen und Begriffe nur dann sein, wenn diese zuvor in stimmige Bilder übersetzt wurden. Eine Idee muß erst sinnlich erfaßt worden sein, bevor sie in Architektur verwandelt werden kann. Vermutlich ist Eisenman im Falle der *Choral Works* außer dem Verfahren der Schichtung nichts Triftiges eingefallen, um das gemeinsame Konzept Gestalt annehmen zu lassen. So mag er sich denn dazu entschlossen haben, Derridas symbolische Skizze als Hinweis auf eine architektonische Deutung der „Chora" mißzuverstehen.

Zwei Jahre später hat Eisenman mit dem *Guardiola House*, dem Projekt eines Wohnhauses in Puerto De Santa Maria, das Thema „Chora" nochmals aufgegriffen und den Versuch gemacht, diesen vielschichtigen Begriff selbst zu veranschaulichen. Hierzu wählte er das Bild eines Sandstrands. Wie der Wellenschlag des Meeres eine sich ständig verändernde Spur im Sand hinterläßt, die uns eine identifizierbare, gleichwohl ständig in Bewegung befindliche und darum nur schwer zu beschreibende Struktur vor Augen führt, so soll auch das *Guardiola House* als zwitterhaftes Abbild einer weder rationalen noch irrationalen Ordnung verstanden werden. Eisenman konkretisiert „Chora" mit einer Architektur, in der sich Aspekte der Struktur und der Gestalt derart ineinander auflösen, daß der Bau von keinem Betrachterstandpunkt aus als einheitliche Form zu erfassen ist. Seine tangentialen „L-shapes" scheinen in ständiger Bewegung und können daher als ein radikales Experiment der Verzeitlichung der Architektur im Horizont ihrer modernen Selbstkritik gelesen werden.

6

Peter Eisenman stellt in einer Zeit der Entmündigung des Architekten und der Entkulturisierung der Architektur die Forderung an die Gesellschaft, der Reflexion über das Bauen die denkbar größte intellektuelle und künstlerische Beachtung zu schenken. Das ist ihm hoch anzurechnen! Andererseits ist bei ihm nicht alles Gold, was glänzt. Das intellektuelle Feuerwerk, das viele seiner Texte abbrennen, entpuppt sich bei näherer Betrachtung nicht selten als Budenzauber. Zumindest sind viele Gedankengänge zu sprunghaft, um wirklich nachvollziehbar zu sein. Nicht weniges bleibt unverständlich, erscheint oberflächlich oder doch allzu salopp formuliert. Es läßt sich nicht immer beurteilen, ob man mit Verständnisproblemen zu kämpfen hat oder harsche Kritik am Platz wäre, ob Eisenman der Architektur im Kampf um ihr kulturelles Überleben scharf geschliffene Waffen an die Hand gibt oder mit seinem intellektuellen Blendfeuerwerk Nebenkriegsschauplätze eröffnet, die von den realen Problemen des Bauens nur ablenken.

Um dies zu überprüfen, lohnt es sich, den Begriff der Abwesenheit zusammen mit der Strategie der Verschiebung (Dislozierung) unter die Lupe zu nehmen. In dem bereits erwähnten Aufsatz *Die Architektur und das Problem der rhetorischen Figur* wird in einer etwas längeren Passage darauf aufmerksam gemacht, daß Dislozierung ein Instrument der Architekturkritik ist: „Wir leben in einer relativistischen Welt und sehnen uns dennoch nach einer absoluten Substanz, nach etwas unbestreitbar Wahrem. Durch ihr Sein wurde die Architektur im Unterbewußten der Gesellschaft zur Verheißung dieses einzig Wirklichen. Aber es ist ebenso wahr, daß die Architektur sich – mehr als jede andere Disziplin – dieser tief verwurzelten Vorstellung entgegenstellen und sie verändern muß. Denn im Gegensatz zur allgemeinen Ansicht entspringt dem gegenwärtigen Status quo des Wohnens keine Definition für die Architektur. Sie wird vielmehr durch die fortwährende Verschiebung dessen bestimmt, was Wohnen bedeutet, das heißt, durch die Dislozierung eben dessen, was sie faktisch lokalisiert." (Eisenman 1995,100)

So weit Eisenman, der im selben Text behauptet, eben das sei ja das Paradoxe der Architektur, daß sie ausgerechnet dem widerstehen müsse, was ihr eigen ist: Sie müsse ihrer Präsenz widerstehen, das heißt ihrem Image, ein Inbegriff der Wirklichkeit zu sein, zumal die Realität in den surrealen und virtuellen Welten der modernen Medien längst zur Fiktion geworden sei. Die Architektur müsse aber auch den traditionellen Wohn- und Lebensgewohnheiten widerstehen, die den Menschen blind und unempfänglich machten für die Anforderungen unserer Zeit. Sie habe außerdem jeden Ort, für den sie plant, stets neu zu erfinden, um ihn ein Stück weit von seinen lokalen Bindungen und Bedeutungen zu lösen. Und sie müsse sich zu guter Letzt in eine rhetorische Figur verwandeln lernen, sich durchlässig machen für unterschiedliche Bedeutungsebenen und Betrachtungsweisen, um endlich ihren autoritären, repräsentativen Status zugunsten jener Offenheit und Prozessualität aufzugeben, womit dem „Abwesenden" Raum gegeben werden soll.

Dieses Abwesende, das auch das Andere und einmal das Nicht-Identische genannt wird, haben wir bereits als Eisenmans philosophisches Zauberwort kennengelernt. Es ist die denkbar größte Zumutung, die an die Architektur zu stellen ist. Eisenman scheint das Unmögliche zu fordern, wenn er für eine „architecture of absence" plädiert, die gegen ihre eigene Konstitution jene Aspekte durchsetzt, die seit jeher durch die krude Materialität und Eindeutigkeit des Bauens verdrängt und verleugnet werden. An die Stelle jener bloß behaupteten Wahrheiten, die sich in Funktionalität, Maßstäblichkeit, Zeitgebundenheit und Kontextualismus zum Ausdruck bringen, sollen Fiktion und Irrtum treten, die Statthalter des Abwesenden. In seinem Aufsatz *Architektur als eine zweite Sprache: die Texte des Dazwischen* (1989) betont Eisenman: „Der dislozierende Text [...] kritisiert, daß Ursprung, Funktion, Wahrheit als natürlich (in der Bedeutung von authentisch) gelten und nicht nur als bloße Übereinkunft. Er verleugnet weder Funktion noch Schönheit, er bestreitet aber ihre Autorität und [...] stellt in Frage, daß es eine korrekte Lektüre des Objekts gibt. [...] In diesem Sinne meint Text immer eine Strategie der Infragestellung und Verschiebung und ist daher eine zweite Sprache, eine Fremdsprache." (Eisenman 1995,158)

Die Beschwörung des Abwesenden versucht Eisenman durch autoritätskritische Störfeuer zu initiieren, die er Verschiebung nennt. Gemeint ist eine intellektuelle *und* eine architektonische Strategie, um einerseits einen Gedanken oder eine komplette Theorie und andererseits einen Strich, eine geometrische Figur oder ein ganzes Gebäude aus einer konventionell vorgegebenen Richtung, Linie oder Perspektive herauszurücken. Die gewaltigste und zugleich gewaltvollste Verrückung oder Verrücktheit beging Eisenman mit seiner Derrida entlehnten These, Architektur sei in erster Linie Schrift und Bauwerke müßten darum als Texte konzipiert und gelesen werden.

In den späten achtziger Jahren entwickelte Eisenman das „Drei-Texte-Konzept". Authentisch moderne Architektur bestehe aus drei Texten, dessen erster die Sprache der Naturbeherrschung spricht, aus der die irreversible Präsenz der Architektur resultiere, während der zweite, „dislozierende" Text von der Nicht-Präsenz künde, vom Abwesenden, das nur als Spur erfahrbar sei. Eisenmans These lautet: Sofern diese beiden Texte nicht miteinander zu konkurrieren beginnen, wenn sie Zurückhaltung üben und entsprechend „blaß" bleiben, lassen sie genügend Raum für das „Dazwischen" eines dritten Textes, für die Interaktion zwischen Haus und Nutzer, Objekt und Rezipienten. Der dritte Text stehe nicht in der Macht des Entwurfsautors und sei daher Ausdruck jener Demokratisierung des Bauens, der sich die heroische Moderne so lange verweigert habe. Zudem handele es sich um einen unabgeschlossenen Text, dessen Offenheit der generellen Ungewißheit Ausdruck gebe, die für unsere Zeit so charakteristisch sei.

In einem Gebäude für Japan hat das „Drei-Texte-Konzept" eine anschauliche, jedoch wenig überzeugende Gestalt angenommen. Das *Koizumi Sangyo Building* (1988-1990) in Tokyo, ein Bürohochhaus mittlerer Größe, wird sichtlich durch zwei Aspekte charakterisiert: zum einen durch das rationalistisch disziplinierte Raster der Hauptfassaden und durch die gleichmäßige Gliederung des Gebäudes in Büroetagen – beides zusammen repräsentiert den „ersten Text"; zum anderen besteht das *Koizumi Sangyo Building* aus zwei auffälligen Gebäudeteilen mit ineinander verkanteten, farbigen Wand- und Fensterflächen, die für den „zweiten Text" einstehen. Konkret handelt es sich um jeweils mehrere Geschosse umfassende „showrooms", in denen Produkte gezeigt werden, deren Entwicklung und Vertrieb zu den Aufgaben der in den angrenzenden Büroetagen arbeitenden Angestellten gehört. Es macht also durchaus Sinn, daß sich diese „showrooms" in Form, Farbe und Material vom Rest des Gebäudes unterscheiden. Während sich aber der „erste Text" in großer Zurückhaltung übt, scheint das ihm widersprechende, aufdringliche Design des „zweiten Textes" keineswegs blaß genug zu sein, um das „Dazwischen" jenes „dritten Textes" zu ermöglichen, der das „Abwesende" hervorrufen soll. Anspruch und Wirklichkeit stehen eben, wie so oft bei Eisenman, miteinander auf Kriegsfuß.

Möglich, daß ihn das Erlebnis Tokyo zu sehr überwältigte und herausforderte. Wir erinnern uns: Bruno Taut, der nach Japan gebeten wurde, um dort die moderne Architekturbewegung zu unterstützen, hatte sich mit größtem Interesse in das Abenteuer der traditionellen japanischen Kultur

Peter Eisenman, Koizumi Sangyo Building, Tokyo (1988-1990)

gestürzt und deren philosophische und ästhetische Bedeutung für die Selbstkritik der Moderne entdeckt. Mehr als fünfzig Jahre später trifft Eisenman in Tokyo auf eine Stadt, die ihm als Nicht-Ort par excellence vor Augen tritt und eben darin moderner noch als die Städte des Westens anmutet. Eisenman zieht die Konsequenz: „Am Ende des zwanzigsten Jahrhunderts ist es nicht mehr möglich, [...] eine Stadt zu bauen mit der Idee, einen Ort zu bauen." (Ciorra 1995,124) Für ihn ist Tokyo lebendiges Beispiel eines in unzählbaren Schichten überschriebenen urbanen Textes in den gigantischen Dimensionen einer Weltmetropole. Sie brachte ihn nicht dazu, sich in bescheidener Rückbesinnung zu üben, sondern konfrontierte ihn der Zukunft unserer Städte, die sich gänzlich unbeeindruckt von städtebautheoretischen Diskursen am Horizont abzeichnet.

7

Kein Zweifel, mit Eisenman hat die Selbstkritik der Moderne einen neuen Kurs genommen. Hatten Häring, Scharoun und Taut kritisiert, daß die moderne Architektur dabei ist, sich ihren ursprünglichen emanzipatorischen Zielen zu entfremden und in Geistlosigkeit zu erstarren, bezweifelt Eisenman, daß die Architektur des 20. Jahrhunderts bereits den alten Ungeist beziehungsweise das, was er ihre Metaphysik nennt, abgestreift hat. Für den rastlosen Amerikaner ist das Bauen noch gar nicht in der Moderne angekommen. Schuld daran sei eine weiterhin im Klassischen verwurzelte, normative Architekturtheorie. Sie müsse erst überwunden und ein Prozeß „antimetaphysischer" Selbstaufklärung in Gang gebracht werden, damit der Schritt in die Gegenwart überhaupt möglich werde.
Mit seinem ungewöhnlichen Plädoyer hat Eisenman eine zentrale Denkfigur Heideggers übernommen. Vielleicht sollte man besser sagen: Er versucht für seinen Standpunkt die gleiche Radikalität in Anspruch zu nehmen, die den „antimetaphysischen" Affront des Philosophen auszeichnet. Dennoch trennt die beiden etwas Wesentliches. Für Heidegger trat mit den Vorsokratikern am Beginn der europäischen Ideengeschichte das „ursprünglichste und gewaltigste Wissen" in die Welt, das sich nur mit der allergrößten Denkanstrengung aus der Jahrtausende währenden Verdrängungsarbeit der europäischen Metaphysik herausschälen läßt. Gerade seine schier uneinholbare Ferne macht dieses Wissen, das den Anfang der okzidentalen Vernunftentwicklung markiert, so bedeutsam für den beschleunigten „Prozeß der Zivilisation", der seiner kritischen Selbstreflexion zu

entkommen trachtet. Wohl übernimmt Eisenman von Heidegger die Vorstellung vom großen Vorsprung, den der technische und naturwissenschaftliche Fortschritt vor aller philosophischen Reflexion behauptet, doch dreht er den Spieß um: Statt zivilisationskritischer Rückbesinnung empfiehlt er, den Blick neugierig in die Zukunft zu richten. Eisenman interessiert weit mehr die Spur der kommenden als der entflohenen Götter. Um ihrer ansichtig zu werden, will er das intellektuelle und materielle Fundament der Architektur grundlegend erschüttern. Nicht aber, indem er sich an versunkenen Kulturen orientiert und an der Architektur das betont, was sich dem zivilisatorischen Fortschritt verweigert, sondern indem er in eine Zukunft blickt, in der die sinnlich-konkreten Aspekte des Bauens zunehmend zu verkümmern drohen. Die „architecture of absence" ist darum beides: romantischer Rekurs auf die verblassende Spur auratischer „Texte" *und* optimistische Prognose. Letztere denunziert die Architektur, stets nur dem Schein des Wahren und der Autorität des Entwerfers gedient, statt sich um den Ausdruck dessen bemüht zu haben, was unter ihrem Gewicht zermalmt und durch ihre Massen verdrängt wird. All das, worauf die Moderne so stolz war: auf die Freilegung der Konstruktion und die Privilegierung der Funktion, versucht Eisenman in seinen Fundamenten zu erschüttern. Je fester gegründet das Gebäude der modernen Architektur zu sein vorgibt, desto zerbrechlicher und fadenscheiniger erscheint es ihm.

Das Faszinosum Eisenman besteht nicht zuletzt in seiner eigenen Zerrissenheit. Als Rationalist und Alter ego Terragnis hat er seine Architektenlaufbahn begonnen, doch alsbald lernte er in den Schriften Foucaults und Derridas die Rationalitätskritik des französischen Strukturalismus kennen. Seitdem tritt er als lautstarker Kritiker des europäischen Anthropozentrismus auf und versucht das philosophische Konzept der Dezentrierung des Subjekts auf die Architektur zu übertragen. Zwar ist der Entwerfer Eisenman der Formenwelt und den Entwurfsstrategien des modernen Rationalismus treu geblieben, doch fährt er zugleich sämtliche Geschütze auf, um das Diktat der okzidentalen Vernunft zu brechen.

Diese Merkwürdigkeit erklärt sich nicht allein aus der platonischen Tradition. Sie ist ebenso Ausdruck eines Problems, das die Rationalisten seit jeher mit sich herumschleppen: Wie sehr sie auch danach streben mögen, ihre Entwurfsstrategien zu differenzieren – die Kompliziertheit ihrer Planungen hinkt dennoch der Komplexität des Lebens stets ohnmächtig hinterher. Aus diesem Dilemma resultiert ein Trick, dem die Rationalisten bis heute frönen: Sie vereinfachen kurzerhand die Welt, indem sie einige wenige Aspekte aus dem komplexen Gesamtbild gesellschaftlicher Modernisierung isolieren und zu einem universalen Erkärungsmodell verallgemeinern. Ein prominentes Beispiel hierfür bietet die Dramatisierung und Simplifizierung der industriellen Arbeitsteilung im Leitbild der funktional entmischten Stadt, das die *Charta von Athen* propagierte. Auf die Reduktion des Städtischen vermochten die rationalistischen Planer mit Strukturen zu reagieren, die um so komplizierter erschienen, desto primitiver ihre Analysen urbaner Lebenswelten ausfielen. Auch Eisenman gehorcht der simplen Logik, fehlendes sozialwissenschaftliches Wissen durch die Mystifizierung des Entwurfs zu kompensieren. Man denke nur an die geometrisch außerordentlich vertrackten Faltungen, die er der Überbauung des Rebstockparks in Frankfurt am Main zugrunde legt. Als Zeugen dieses rätselhaften „Siedlungstextes" werden bezeichnenderweise nicht soziologische, ökologische oder ökonomische Theorien zitiert, sondern der Mathematiker René Thom und das Leibniz-Buch von Gilles Deleuze, in dem der Begriff der Falte, den der deutsche Gelehrte allenfalls beiläufig erwähnte, ins Zentrum der Leibnizschen Philosophie gestellt wird.

Kann man auch mit gutem Grund behaupten, daß Eisenman das Chaos der Gefühle und der Städte zum Gegenstand einer Planung macht, mit der die Herrschaft der Vernunft noch über die Sphäre des Irrationalen ausgeweitet werden soll, so führt uns das Stichwort barock auf eine Spur, die deutlich macht, daß seine Einstellung zum Rationalismus gleichwohl ambivalent genannt werden muß. Bereits 1984 beschwor Eisenman das Ende des Klassischen und brach so mit der von den alten Griechen über Palladio, die französische Revolutionsarchitektur und Schinkel zu Peter Behrens und Mies van der Rohe führenden Genealogie rationalistischer Architektur. Seit Anfang der neunziger Jahre erwähnt er zunehmend Aspekte barocker Ästhetik und schreibt über das „Groteske", über „Leidenschaft, Aura und Exzeß". Man gewinnt den Eindruck, daß natürlich auch er nicht als blutleerer Rationalist in die Baugeschichte eingehen will, obschon seine Zeichnungen und Architekturen kein Bild barocker Sinnesfreude bieten.

Eisenman selbst würde vermutlich von der Unmöglichkeit sprechen, seine philosophischen Reflexionen, die in der jüdischen Tradition des Bilderverbots stehen, in opulente Bauwerke zu übersetzen. In der Sprache des Alten Testaments steht der *Theoretiker* Eisenman auf Seiten Moses', der die Anwesenheit Gottes in seiner Abwesenheit behauptete. Der *Praktiker* Eisenman ist hingegen Aaron verwandt, dem kreativen Promotor des goldenen Kalbes. In der widersprüchlichen Rolle des Architekten und Architekturtheoretikers, die kaum einer seiner Kollegen mehr auf sich zu nehmen wagt, hat Eisenman dem Bauen die Koexistenz des Starken und Schwachen, Festen und Weichen, Präsenten und Nicht-Präsenten, Eigenen und Anderen verordnet. Doch bei aller Sensibilität, die hierzu vonnöten ist, bleibt er hart gegenüber den Forderungen der Gesellschaft. Als ein Autor, der selbst keine autoritären Absichten hegt und darum auch keiner fremden Autorität gehorchen will, stellt er sich taub gegenüber dem sozialen Imperativ, dem Häring, Scharoun und Bruno Taut Folge leisteten. Mit Eisenman hat die Liaison der Architektur mit der postmodernen Philosophie einen ausschließlichen und eben darum höchst fragwürdigen Charakter angenommen.

Die Selbstkritik der Moderne scheint in eine Sackgasse geraten.

Selbstkritik statt Revision

Die Moderne begann in der Architektur nicht erst mit dem 20. Jahrhundert, und sie endete gewiß nicht mit der „Postmoderne", der „zweiten" und „dritten" Moderne oder irgendeiner anderen Etikettierung, die der Wettbewerb der berufsmäßigen Totengräber des Bewährten und Gebräuchlichen in immer schnellerer Abfolge produziert. Was solche pseudowissenschaftliche Hatz entdeckt, das sind zumeist Phänomene, die nicht wirklich neu sind, sondern mit weitaus größerer Berechtigung als Parallelentwicklungen beschrieben werden können, als ein Nebeneinander unterschiedlicher Aspekte, welche zusammen genommen die Moderne ausmachen. Diese gab sich schon sehr bald als ein von inneren Widersprüchen zerrissenes und zugleich mit größter Wandlungsfähigkeit begabtes „Projekt" zu erkennen.

Modernes Bauen begann in Europa überall dort, wo sich die Architektur am Gegensatz von Aufklärung und Romantik entzündete. Die Dialektik der Moderne spiegelt das Wechselspiel zwischen aufklärerischem Fortschrittsoptimismus und romantischer Zivilisationsskepsis. Das moderne Erbe der Aufklärung bewährt sich bis heute in der Kritik überkommener Traditionen, die für soziale Ungerechtigkeit, politische Unmündigkeit und technische Rückständigkeit verantwortlich sind. Solche Kritik ist in letzter Konsequenz Gesellschaftskritik. Demgegenüber bewährt sich das moderne Erbe der Romantik in der Kritik dieser Kritik, das heißt im Nachweis jener Mächte, die den zerstörerischen Ausgeburten aufklärerischer Vernunft in Gestalt einer entfesselten Technik und kapitalistischen Ökonomie innewohnen. Die Kritik, die von der Romantik ausging, war grundsätzlich Kulturkritik und in Ansätzen auch schon Vernunftkritik. Schockiert vom rücksichtslosen Entzauberungsprozeß, den die modernen Wissenschaften auslösten, widmete man sich der Suche und dem Gewahrsam des Numinosen. Lebt darum die Aufklärung in der Moderne als riskantes Versprechen weiter, bebt in ihr die Romantik als Nährboden moderner Selbstkritik nach. Zu bedenken ist freilich, daß die Romantik stets beides umfaßte: die Kritik und die Revision der Aufklärung. In grober Vereinfachung könnte man der Frühromantik eher die Tendenz einer kritischen Fortsetzung des Pro-

jekts der Aufklärung nachsagen, während auf die späteren Generationen von Romantikern zutrifft, was Heinrich Heine mit beißendem Spott in *Die romantische Schule* (1833) geißelte: der regressive Rückzug in die Innerlichkeit, in die Arme der katholischen Kirche und reaktionärer weltlicher Autoritäten. Die spätromantische Zurücknahme der Aufklärung spulte sich als das politische und kulturelle Programm der Metternich-Restauration ab.
Wenn es aber stimmt, daß der Begriff Revision die Bedeutung haben kann, daß man das Rad der Geschichte zurückdrehen will, um eine radikale Abkehr von dem zu bewirken, was man kritisiert, dann stellt sich ja die Frage, ob diejenigen, die in den achtziger Jahren das Schlagwort von der „Revision der Moderne" im Munde führten, wirklich wußten, wovon sie sprachen.
Wie immer die Antwort hierauf ausfallen mag, festzuhalten ist, daß Selbstkritik und Revision keineswegs dasselbe bedeuten. Selbstkritik muß nicht immer in der vollständigen Revision eines einmal gewonnenen Standpunktes gipfeln. Sie findet in der Regel statt, wenn eine Position überdacht wird, die im Wandel der Zeit einen naiven, dogmatischen oder selbstherrlichen Charakter angenommen, jedoch nicht an Aktualität und Bedeutung verloren hat. Die moderne Selbstkritik intendierte niemals den Ausstieg aus dem Projekt der Moderne, wohl aber die ständige Überarbeitung und Differenzierung moderner Leitvorstellungen und Strategien. Die kritisch reflektierte, problembewußte Weiterentwicklung der modernen Architektur war das Ziel derer, die eine Disziplin, die sich einem gewaltigen Regelverstoß verdankte, nicht zu einem kanonischen Regelwerk erstarren lassen wollten.
Dagegen strebt die Revision der Moderne eine Korrektur an, mit der eine radikale Kursänderung vorgenommen werden soll, die sich zunächst das Etikett der Postmoderne anheftete. Der widersprüchliche Partikel „re-", der im Lateinischen entweder negierend oder bestätigend gebraucht wird, hat so in Kombination mit „visio" (Erscheinung, Vorstellung) die Bedeutung der Zurücknahme einer Vision gewonnen. Die in die Zukunft gerichtete Vision der Moderne soll nicht in veränderter Form wiederbelebt, sondern durch etwas ersetzt werden, das *vor* der Moderne Geltung besaß. Wer von der Revision der Moderne spricht, betreibt ihre Abschaffung und plädiert für die Wiedereinsetzung der Tradition. Er ist der Überzeugung, daß Korrekturen allein nicht ausreichen, um die Katastrophe abzuwenden, in die sich die moderne Gesellschaft angeblich hineinstürzt.
Wie eine mit der Zeit dogmatisierte und verknöcherte Aufklärung durch die Romantiker ihre Erweiterung in seelische Regionen erfuhr, die völlig

unbekannt und verschüttet schienen, so wollten die Vertreter des organischen Funktionalismus eine zunehmend normierte und universalisierte moderne Architektur vor dem völligen Verlust grundlegender spiritueller und psychischer Erfahrungen bewahren. Dies geschah auf sehr unterschiedliche Weise. Jedenfalls verbietet der ausgeprägte Individualismus all jener, die an der offiziellen Bauhaus-Propaganda zu zweifeln begannen, die Behauptung, die Selbstkritik der Moderne erschöpfe sich in einer einzigen Richtung.

Diese setzte sich vielmehr aus den unterschiedlichsten Aspekten zusammen: aus dem rheinischen Katholizismus eines Rudolf Schwarz ebenso wie aus dem Neuheidentum Hans Henny Jahnns, dem Surrealismus Friedrich Kieslers oder dem kämpferischen Kommunismus eines Max Raphael, um nur einige wenige extreme Positionen zu nennen. Und Le Corbusier, diese neben Frank Lloyd Wright schillerndste und faszinierendste Gestalt unter den modernen Architekten, nutzte sowieso sämtliche Impulse der Zeit als Motor seiner Kreativität. Überall dort aber, wo die Grenze zur Revision überschritten wurde, sehen wir uns nicht der Selbstkritik, sondern der Ablehnung der Moderne konfrontiert. Sie war die Sache derer, die sich den Heimatschutz auf ihre Fahnen geschrieben hatten. Fanatisch betrieben sie im Nationalsozialismus und pragmatisch nach dem Krieg die Revision der Moderne als reaktionären Kulturkampf, wie er heute noch in der Forderung nach einer „Neuen Einfachheit" im Bauen nachklingt.

Begründet werden die auf den ersten Blick harmlos und berechtigt klingenden Parolen der Traditionalisten damit, daß der sinnenfeindliche Ornamentverzicht der modernen Architektur, ihr frösteln machendes Transparenzgebot und ihre unerbittliche Formstrenge die Menschen nur brüskiert habe, statt sie in der Moderne heimisch zu machen. Es sei darum kein Wunder, daß der Großteil der Bevölkerung dem Neuen Bauen und dem Neoavantgardismus unserer Tage mit Unverständnis begegne. Solche Kritik zielt auf den elitären und autoritären Charakter der modernen Architektur, die ja in der Tat die Menschen zu ihrem Glück zwingen wollte. Doch was nutzt Kritik, wenn sie verschweigt, daß auch sie ein Produkt der Moderne ist? Waren es doch bereits die Unterzeichner der berühmten *Erklärung von La Sarraz* (1929), die darauf hinwiesen, daß Architekten und Stadtplaner ihre Aufgaben nur unvollkommen zu erfüllen wissen, solange die Menschen nicht die Lage versetzt werden, ihre Bedürfnisse zu äußern und ihre Anforderungen an die gebaute Umwelt selbst zu stellen. (vgl. Hilpert 1988,107)

Es gibt keine Alternative zu einer modernen, demokratisch geläuterten, sich den Menschen und ihren Problemen *öffnenden* Architektur. Hatte einst der Komponist Franz Schubert inmitten der politischen Trostlosigkeit der Metternich-Restauration resignierend davon gesprochen, die Welt sei wie mit Brettern vernagelt, können wir heute ergänzen: Um so weiter der Weltausschnitt wird, den die Wissenschaft und die Medien im makroskopisch Großen und im mikroskopisch Kleinen erfassen und zugänglich machen, desto stärker scheinen sich unsere philosophischen, künstlerischen und auch architektonischen Perspektiven zu verengen. Immer mehr ist zu lernen und zu berücksichtigen, doch die Eroberungsfeldzüge der Globalisierung führen nicht länger ins „Offene". Im Gegenteil, die Welt der Hubble-Teleskope hat diese Hoffnung zunichte gemacht. Während die Techniker ihre künstlichen Augen und Ohren immer weiter aufsperren, hellsichtiger und hellhöriger machen, verkümmern uns Menschen die Sinne. Sie stumpfen ab in der Gewöhnung an eine zu Tode erklärten und dennoch unverstandenen, medien- und mundgerecht verarbeiteten und verabreichten Welt.

Dies zeigt, die Selbstkritik der Moderne wird niemals an ihr Ende kommen und ist schon gar nicht erhaben über jede Kritik. Hing doch den Vertretern des organischen Funktionalismus alsbald der Verdacht an, mit ihrem Einspruch gegen den blinden Fortschrittseifer, Dogmatismus, Formalismus, Eurozentrismus und Normierungswahn der Moderne die Frage nach den sozialen Aufgaben der Architektur allmählich aus den Augen verloren zu haben. Härings Flucht in die Kulturkritik und Scharouns Parteinahme für Heidegger machen zumindest eines klar: Beide sahen sich auch nach dem Krieg wieder in der gesellschaftspolitischen Defensive.

Daß ihr Rückzug heute vom architekturtheoretischen Lärmen eines Peter Eisenman übertönt wird, diskreditiert nicht die selbstkritische Moderne im ganzen, sondern macht einmal mehr darauf aufmerksam, wie wichtig es ist, für die Architektur an der Zwiesprache von *philosophischer und soziologischer Reflexion* festzuhalten. Erst wenn wir damit aufhören, das aufklärerische und romantische beziehungsweise das gesellschaftskritische und kulturkritische Erbe der Moderne als Widerspruch zu begreifen, erst wenn wir uns beide Aspekte als unzertrennliche Bestandteile eines unteilbaren Projekts vor Augen führen, wird die Selbstkritik der Moderne der zeitgenössischen Architektur ihren Weg aus der Krise weisen können.

Gute und schlechte Absichten (Exkurs)

1

Man kann die Moderne nicht diskutieren, ohne ihre visionären Impulse zu reflektieren. Wohl gehört zu ihren Einsichten, daß utopisches Denken besser auf detaillierte Schilderungen einer gerechteren Welt verzichten sollte, um der Idee einer herrschaftsfreien Gesellschaft die Treue zu halten, doch konnte sich hiermit noch kein sozial engagierter Architekt auf Dauer anfreunden. Schließlich kommt ja das Verbot ausfabulierten Glücks nahezu einem Berufsverbot gleich. Immer wieder haben darum Architekten, Städtebauer und Sozialreformer den Anspruch, die Utopie vor der Befleckung durch die Praxis zu schützen, durch ihre Anstrengungen unterlaufen, das scheinbar Unmögliche möglich zu machen und gegen alle Bedenken und Widerstände zu realisieren.

Dennoch sind schließlich auch die Utopien der Architekten vor das Tribunal der modernen Selbstkritik bestellt worden. Schien es doch im Rückblick so, als habe der Wunsch, die gesellschaftliche und städtebauliche Realität durch visionäre Alternativmodelle umzukrempeln, der Menschheit mehr geschadet als genutzt. Zwar werden in Utopien soziale Ungerechtigkeiten aus der Welt geschafft, oft jedoch so, daß daraus neues Unrecht entspringt. Die Schattenseite des Utopischen zeigt sich immer dann, wenn Gesellschaftskritik in Zivilisationskritik umschlägt. Kaum ein Visionär vermochte dieser fatalen Dialektik zu entrinnen. Sogar die frühen Utopisten nicht, die der mittelalterlichen Gesellschaft den Weg in die Neuzeit bahnen wollten.

Führten auch Thomas Morus und seine Nachfahren die großen Probleme ihrer Zeit zielsicher auf soziale Konflikte zurück, geschah dies doch meist in der Absicht, den zivilisatorischen Fortschritt, der sich in der Ausdifferenzierung der Rechtsprechung, öffentlichen Verwaltung, Kunst, Forschung und Wissenschaft vollzog, zusammen mit den schlimmsten Blutsaugern und Schmarotzern der feudalen Gesellschaft identifizieren und aburteilen zu können. (vgl. de Bruyn 1996,52ff) Die Utopisten verabscheuten die moderne Geldökonomie und ebenso den undurchdringlichen Paragraphendschungel einer Gerichtsbarkeit, die offensichtlich weit mehr Rechtsverdreher als Gerechtigkeit produzierte. Sie lehnten Gefängnisse, den Polizeiapparat und die gesamte Unterdrückungsbürokratie des absolutistischen Staates ab. Im Gegenzug entwarfen sie Welten, die gerechter anmuteten als die real existierenden, weil sie einfacher gestrickt waren; frei nach dem Motto: je komplizierter sich Gesellschaften gerieren, desto schlimmer geraten sie.

Utopien spekulieren auf eine bessere Zukunft, indem sie den Rückfall in unkomplizierte vormoderne Strukturen predigen. Paradoxerweise teilen sie aber die Strategie der Vereinfachung mit der Moderne, die man im ganzen als ein Resultat komplizierter Simplifizierungsstrategien beschreiben könnte, insofern jeder moderne Begriff, mit dem ein Phänomen erfaßt und beschrieben werden soll, notwendigerweise hinter der Komplexität und Schönheit der Dinge zurückbleibt. Die Wirklichkeit ist immer reichhaltiger und vielgestaltiger als die Begriffe, unter denen sie subsumiert wird. Daß Utopien der komplexen Realität der von ihnen kritisierten Gesellschaften hinterher hinken, schweißt sie darum eng zusammen mit der abendländischen Vernunftentwicklung.

Utopisten sind in der Vergangenheit stets Anhänger strengster Planungsrationalität und zugleich romantische Schwärmer gewesen, die ihre Vorstellungen vom sozialen Frieden regelmäßig in die Vorstellung einer „Weltharmonie" gipfeln ließen. Am Ende ging es ihnen immer ums Ganze, und so ersannen sie auf Versöhnung zielende Konzepte, die zumeist in gnadenlos tyrannische Regelsysteme reibungslosen Zusammenlebens umschlugen. Als schließlich die Utopie praktisch wurde, regelte „die Partei", was den Menschen frommt, und das Unglück wuchs. Kein Wunder also, daß die Bevölkerungsmehrheit das Ende des utopischen Zeitalters bejubelte, als in Berlin die Mauer fiel. Allgemein bestand Übereinstimmung darin, daß von nun an soziales Denken und Handeln dem Realitätsprinzip und dem Gedanken der Partizipation zu dienen habe.

Möglicherweise täuschen wir uns aber, und das Utopische ist keineswegs aus der Welt, sondern hat eine uns unbekannte Gestalt angenommen. Zwar stimmt es, daß uns Schilderungen eines Lebens in vollkommener Harmonie, befreit von mühsamer Arbeit und eingebettet im kontrollierten Sinnenrausch zensierter ästhetischer und leiblicher Genüsse, kaum mehr berühren, dafür lassen wir uns um so lieber von der Begeisterung für die neue Kommunikationstechnologie und das Phänomen globaler Vernetzung anstecken. Weltweit klafft die Schere zwischen Reich und Arm immer weiter auseinander, doch in den Köpfen der Medienleute und Computerfreaks hat sich die Utopie einer globalen Kommunikationsgesellschaft festgesetzt, die im Gleichklang mit der rasant fortschreitenden Informationstechnik einträchtig zusammenwächst.

2

Utopisten kennen keinen Selbstzweifel. Sie sind Weltverbesserer und Besserwisser, deren Selbstbewußtsein sich aus naturwissenschaftlichtechnischem Fortschrittswissen speist. Letzteres erfuhr seine Initiation durch die barocke Maschine und das mechanistische Weltbild der Aufklärung. Denn wer wie die Utopisten soziale Harmonie zum Naturgesetz erklärt, den schlägt die Mechanik unwillkürlich in Bann. Macht sie doch anschaulich, was nicht zu beweisen ist: daß im Mikro- und im Makrokosmos alles mit allem harmonisch zusammenhängt. Und noch etwas war nirgends sinnfälliger zu erfahren als im ineinandergreifenden Räderwerk barocker Pendeluhren und Rechenmaschinen: daß der Mensch, der das Gleichgewicht der von Gott geordneten Welt empfindlich stört, über die Fähigkeit verfügt, Apparate zu konstruieren, in denen sich die *harmonice mundi* vollendet spiegelt.

Der barocke Gelehrte sah in der Maschine das Abbild göttlicher Logik, von der er annahm, sie bestimme den Lauf der Welt und lasse sich auf so etwas wie eine mathematische Urformel reduzieren. Die Vielfalt der Erscheinungen glaubte man in wenigen Grundregeln geordnet. Am deutlichsten trat dieser Effekt in der Sprache zutage. Sie bot ein Beispiel dafür, daß sich die Unendlichkeit unserer Gedanken und Ideen nur weniger Bausteine bedient: der 24 Buchstaben des Alphabets.

Gottfried Wilhelm Leibniz spekulierte vor mehr als 200 Jahren, daß sich einst sämtliche Wörter auf eine Handvoll Grundbegriffe zurückführen lassen. Mit dem Projekt einer „Characteristica universalis", in dem er die bedeutendsten Gelehrten seiner Zeit zusammenführen wollte, hoffte er diese Grundbegriffe auffinden und mit Symbolen belegen zu können, um die Sprache und damit alles Denken und jede Wissenschaft mathematisch zu präzisieren. Geboren war die Utopie des unfehlbaren Menschen, der logisch und reibungslos funktioniert wie eine Maschine, und es wird niemand behaupten wollen, diese Vision besäße in der heutigen Forschung keine Aktualität mehr.

Wie ernst die Entwicklung neuer Maschinen schon vor der Industriellen Revolution genommen wurde, können wir daran ermessen, daß viele der barocken Universalgenies, die uns heute nur mehr als Philosophen und Mathematiker in Erinnerung sind, zugleich die ersten modernen Ingenieure waren. Neben der theoretischen Optimierung der Welt in geistes- und naturwissenschaftlicher Perspektive ging es ihnen stets auch um konkrete sozialpolitische Reformen *und* um technische Innovationen. Leibniz hat 1678 seinem Landesherrn das Konzept einer „Assecurations-Kasse" vorgelegt, um zu verhindern, daß die Untertanen des Herzogtums Hannover bei Feuer- oder Wasserschäden verarmen. In den darauffolgenden Jahren widmete er sich der Entwicklung neuer Maschinen für den Bergbau, die den Wohlstand des Landes mehren sollten. Auffallend ist dabei, daß er immer aufs Neue, wenn ihn eine technische Idee überfiel, der Meinung war, bereits am Ziel ihrer praktischen Ausführung zu stehen. Und dies, obschon ihn die Realität ein ums andere Mal eines Besseren belehrt hatte.

Als Hofrat ohne Amt hatte er sich mit der Erzförderung im Oberharzer Bergbaugebiet zu beschäftigen begonnen, das damals die größte deutsche Industrielandschaft bildete. Trockene Sommer hatten dazu geführt, daß der Ertrag der Gruben stark zurückgegangen war. Man benötigte mehr Wasser, und Leibniz, der vom Bergbau nichts verstand, versprach kraft des Genies, das er in sich spürte, aus dem Stand neue Windmühlen und Pumpen zur Wasserförderung zu erfinden, die leistungsstärker sein und reibungsloser funktionieren sollten als die gebräuchlichen. Immerhin, sein Herzog vertraute ihm und versprach ihm bei Gelingen eine großzügige Rente auf Lebenszeit.

Drei mächtige Windmühlen sollte Leibniz bauen und machte dabei die frustrierende Erfahrung, daß die unter großer Spannung stehenden Materialien zerbrachen. En passant entwickelte er eine Theorie, in der er im Gegensatz zu Gallilei von der Vorstellung ausging, daß physikalische Körper nicht starr sind, sondern aus elastischen Fasern bestehen, die sich zunächst dehnen, bevor sie brechen. Die Wissenschaft war nun um eine Erkenntnis reicher, die als „Leibniz-Mariottesche Theorie der Bruchfestigkeit" in die Physik einging, doch dem Oberharzer Bergbau fehlte noch immer das Wasser.

Also machte er sich daran, die „Horizontal-Windkunst", mit der er schon seit längerem schwanger ging, in die Tat umzusetzen. Hierbei handelte es sich um die Neuentwicklung einer Mühle, die wie eine Drehtür funktionieren und von jedem noch so lauen Windstoß, aus welcher Richtung auch immer er kommen mochte, in Bewegung versetzt werden sollte. Mit dieser innovativen Technik mußte eine dreizehn Meter lange archimedische Schraube angetrieben werden, um Wasser aus einem niedrigeren in ein höher gele-

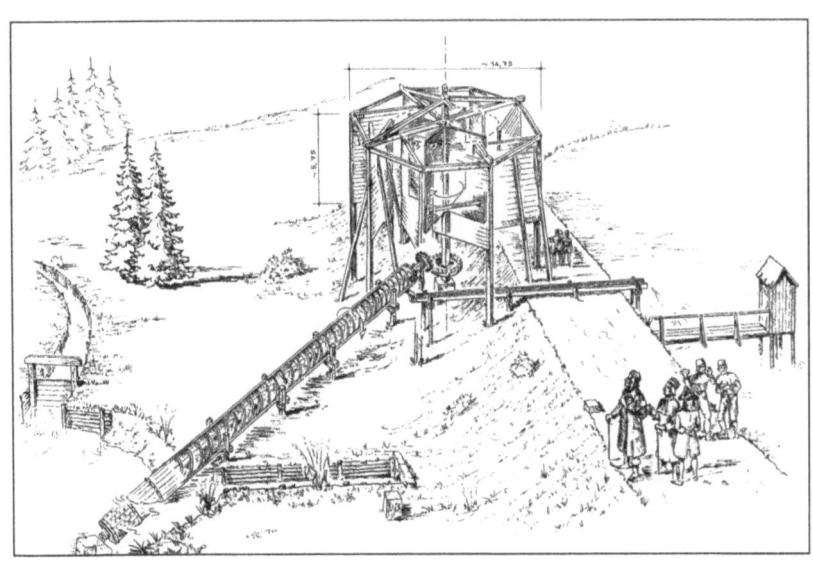

Leibniz, Horizontalwindmühle

genes Reservebecken zu transportieren. Elf Meter hoch war die horizontale Windmühle, die Leibniz errichten ließ, und wies knapp fünfzehn Meter im Durchmesser auf.

Seine eigentliche Ingenieurleistung bestand darin, das Problem gelöst zu haben, daß der Wind, der eine Horizontalmühle in Bewegung versetzt, widersprüchliche Kräfte entfaltet, weil sich mit ihm immer nur die eine Hälfte des Flügeldurchmessers dreht, während sich die andere gegen ihn bewegen muß. Leibniz löste diese Aufgabe, indem er die jeweils passive Drehrichtung der Flügel mit einem System von Schutzschilden abschirmte, ohne dem Wind die Wucht zu nehmen. Und in der Tat: Das monströse Wunderwerk drehte sich – aber leider nur im Leerlauf.

Der angesehene Philosoph, Theologe und Mathematiker, der als umsichtiger Ökonom den Bergbau profitabler gestalten und dadurch verhindern wollte, daß Hannovers Soldaten zur Aufbesserung der Staatskasse weiterhin an Venedig verliehen wurden, um zu Tausenden im Kampf gegen die Türken ihr Leben zu lassen, dieser so kluge und humane Gelehrte hatte als Maschinenbauer versagt, weil er nicht wußte, daß die Umlaufgeschwindigkeit einer „Horizontal-Windkunst" niemals höher sein kann als die Windgeschwindigkeit, und weil er nicht ahnte, daß eine solche Mühle aufgrund der Tatsache, daß immer nur die Hälfte des Flügeldurchmessers Energie liefert, zur Förderung großer Wassermengen grundsätzlich ungeeignet ist.

Sein Experiment war gescheitert, doch Leibniz wollte dies nicht wahrhaben. Er beantragte die Rente, die ihm der Herzog in Aussicht gestellt hatte, denn er war zutiefst davon überzeugt, *daß ein genialer Gedanke niemals durch die Wirklichkeit kompromittiert werden kann.*

3

Ähnlich dachte auch der Entdecker Amerikas. Jedenfalls schreibt Rem Koolhaas in seinem Buch *Delirious New York*, auf das ich noch zu sprechen komme: „Als Columbus gen Westen segelte, wollte er zwei Hypothesen beweisen: 1. das die Erde rund sei, und 2. daß er in Indien landen würde, wenn er westwärts segelte. Die erste Annahme erwies sich als richtig, die zweite als falsch. Doch als er seinen Fuß auf die neue Welt setzte, waren für Kolumbus beide Thesen bewiesen. Von diesem Moment an waren die Einheimischen ‚Indianer' – selbstfabrizierte Beweise dafür, daß ihr Entdecker tatsächlich in Indien gelandet war: Fingerabdrücke eines Denkfehlers." (Koolhaas 1999,261) Wir verstehen - auch in diesem Fall modellierte der Intellekt die Wirklichkeit nach seinem Bild.

Doch kehren wir kurz zu Leibniz zurück. Daß die Praxis Theorien nicht widerlegen kann und noch nicht einmal als Wertmaßstab für solche Ideen gelten darf, die der Sphäre der Technik entstammen, dies befremdet natürlich und macht uns die enorme Distanz zu einer Epoche bewußt, in der Geist und Empirie autonome Sphären behaupteten. Unnötig zu sagen, daß damals das Utopische besonders gut gedieh. Es entstand in dem Bewußtsein, daß der Gedanke Berge versetzt. Doch war es nicht irgendein Gedanke, dem das zugetraut wurde.

Strenge Erziehung erschien den Utopisten das probate Mittel, die Herrschaft des Gedankens über die Realität zu befestigen. Pädagogik ist ja seit jeher das Feld, auf dem sich intellektuelle Macht zu beweisen pflegt. Fürstenerziehung, womit die Humanisten ihren politischen Einfluß sicherstellen wollten, war immer nur ein schnöder Ersatz für die platonische Idee des Philosophenkönigtums. In der „Città del Sole" pflegen sich darum Intellektuelle in Sonnenkönige zu verwandeln. Auf diese Weise enthüllt die Wunschvorstellung, daß der Gedanke die Wirklichkeit in seinen Bann schlägt, zugleich das Utopische der Utopie und ihren autoritären Charakter.

Auch der „Fürstenerzieher" Leibniz hat Utopien entworfen, in denen sich hochherzige Pläne mit infamen Erziehungskuren durchkreuzen. Einen seiner Entwürfe betitelte er mit *Societas Philadelphica.* In ihm schildert er, wie ein verschwörerischer Club von Menschen mit besonderer Verstandeskraft unbemerkt zur Weltherrschaft gelangt und dabei einen globalen Frieden und Wohlstand durchsetzt. In einem anderen Manuskript läßt er sich in die Karten schauen, wie eine Gemeinschaft glücklicher Menschen ad hoc zu realisieren wäre: Indem man die Handwerker in Arbeitshäuser steckt und ihnen Saures zu essen gibt, damit sie sich das Saufen abgewöhnen. Des weiteren sollen ihnen die Kinder abgenommen und in Waisenhäusern aufgezogen werden. Das genau ist der Ton, den die Utopie anschlägt, wenn sie sich traditioneller Denkfesseln entledigt, um sie unverzüglich den Menschen anzulegen, die sie befreien will.

4

Eine mögliche psychologische Erklärung dafür, warum der politisch ohnmächtige Intellektuelle in seinen Tagträumen ausgerechnet diejenigen gängelt, deren soziale Lage er verbessern möchte, findet sich bei Karl Philipp Moritz, der 1785 seinen viel beachteten autobiographisch gefärbten Roman *Anton Reiser* vorlegte. In ihm wird die Leidensgeschichte eines hochbegabten Kindes erzählt, das durch die „schwarze Pädagogik" des pietistischen Kleinbürgertums zugrunde gerichtet wird. Eine zutiefst lust- und kinderfeindliche Erziehung, die dem jungen Anton Reiser beständig seine große Ohnmacht und Nichtswürdigkeit vor Augen führt, bewirkt, daß er sich früh ins Reich der Bücher flüchtet und schließlich selbst zum Dichter berufen fühlt; die vielen Schläge und Verbote, die er zu erdulden hat, führen aber auch dazu, daß er trotz großmütiger Pläne lebenslang vom Haß gegen sich und andere erfüllt ist.

Folgende Szene ist aufschlußreich für den zivilisationsfeindlichen Kern, der vielen Utopien innewohnt. Karl Philipp Moritz beschreibt, wie der kleine Anton seine antiken Kriegshelden aus Papier schnitt und „sie einige Tage lang in Schlachtordnung stehen [ließ], bis er endlich ihr Schicksal entschied, und mit grausamen Messerhieben unter ihnen wütete, diesem den Helm, jenem den Schädel zerspaltete, und rund um sich her nichts als Tod und Verderben sahe. [...] Das allergrößte Vergnügen machte es ihm, wenn er eine aus kleinen papiernen Häusern erbauete Stadt verbrennen, und dann nachher mit feierlichem Ernst und Wehmut den zurückgebliebenen Aschenhaufen betrachten konnte." (Moritz 1972,29)

Solch heuchlerische Wehmut mag so manchen modernen, durch eine strenge protestantische Erziehung disziplinierten Planer beschlichen haben, der auf die rauchenden Ruinen der von den Bomben des Zweiten Weltkriegs zerstörten Städte blickte und dabei die Chance eines Neubeginns gewahrte, der keine Rücksicht mehr auf die baulichen Zeugnisse der Geschichte nehmen mußte. Niels Gutschow und Barbara Klain fanden dafür die Worte: „Über den Trümmern der europäischen Städte mit ihren Millionen Opfern steht schemenhaft und verheißungsvoll die ‚neue Stadt'." (Gutschow 1994,17) Vernichtung und Utopie bildeten von Anfang an eine verhängnisvolle Beziehung. Das Neue, das geschaffen werden sollte, setzte die restlose Zerstörung des Alten voraus. Und die „Messerhiebe", von denen Karl Philipp Moritz berichtet, mißverstanden sich als Akte der Katharsis. In diesem grausamen und produktiven Irrtum verbergen sich die Kreativität und Barbarei der Moderne.

Übrigens hatte der Protestant Leibniz hundert Jahre vor dem armen Anton Reiser offenbar ein besseres Los gezogen und konnte darum mehr Milde gegenüber den Opfern seiner Visionen walten lassen. Im Anschluß an die *Societas Philadelphica* entwickelte er Ideen zu einem heiteren Utopia für Ge-

lehrte sowie zu einer populären „Akademie der Spiele", in der in unterhaltsamen Darbietungen ein Kaleidoskop des Fortschritts vom Taschenspielertrick bis hin zur komplizierten Kriegstechnik geboten und das Publikum schließlich selbst zu kleinen Erfindungen animiert werden sollte. Ganz im Gegensatz zur rigiden Moralität humanistischer Utopien kommentierte Leibniz seine kurzweilige Kirmes barocker Technik mit den Worten: „Man muß die Welt bei ihren Schwächen nehmen und sie täuschen, um sie zu heilen." (Hirsch 2000,78)
Das ist eine wahrhaft katholische Einsicht, die den langweiligen kalvinistischen Alltag utopischer Gemeinschaften mit dem Verlangen der Massen nach Unterhaltung und Belustigung konfrontiert. Und in der Tat: In Konkurrenz zur Insel Utopia steht das Schlaraffenland, ein dem kollektiven Unbewußten entwachsenes Paradies regressiver Wünsche, wo gebratene Tauben in aufgesperrte Mäuler fliegen. Entdeckt wurde es, als der soziale Visionär zum Projektemacher mutierte und aus Profitinteresse auf die Sehnsüchte ungebildeter Menschen Rücksicht zu nehmen begann. Erst Gewinnstreben brachte in der Geschichte der Planung die unzensierten Bedürfnisse der Massen ins Spiel.

5

Daß die disziplinierende Pädagogik der Utopien und die Verführungskünste des Kapitalismus komplementäre Größen sind, das ist während der Lektüre von *Delirious New York* zu lernen. Dort erzählt Rem Koolhaas die Entstehungsgeschichte Manhattans und unterscheidet dabei zwei antagonistische Ausformungen der Planungsmoderne. Zum einen die europäische, die, vom utopischen Denken angestiftet, die Massen domestizieren will und im ganzen einen lustfeindlichen Charakter trägt. Koolhaas spricht in diesem Zusammenhang vom „Urbanismus der guten Absichten". Ihn konfrontiert er mit der amerikanischen Moderne, vertreten durch die Planer New Yorks, die man in ironischer Entgegensetzung „Urbanisten des schlechten Geschmacks" nennen könnte. Aber da bricht bei mir wieder nur jene europäische Überheblichkeit durch, der Koolhaas ja gerade zu entrinnen trachtete.
Bei seiner rasanten Flucht in die Neue Welt ist er der kapitalistischen Ideologie ins Netz gegangen, doch mit solcher Wucht, daß es zerriß und den Blick freigab auf unterschiedliche Strategien der Naturbeherrschung in einer nach Kontinenten aufgespaltenen Moderne. Spreche ich im Folgenden

von Natur, so ist entweder die innere Natur des Menschen, seine Triebnatur, gemeint oder die äußere Natur bzw. die mehr oder weniger kultivierte Naturlandschaft, die in der okzidentalen Welt den grundsätzlichen Gegenpart zu Architektur und Stadt spielt. Denkt man Koolhaas konsequent zu Ende, dann versuchte die europäische Moderne, die mit dem Prozeß der Zivilisation einhergehende Unterdrückung der menschlichen Triebnatur durch die Dramatisierung der äußeren Natur erträglich zu gestalten. Der Anpassung und Einordnung des „neuen Menschen" in die modernen Kollektive automatisierter Wohn- und Arbeitswelten entsprach das antiurbane Programm einer Synthese von Kultur und Natur, wie sie in den Begriffen Gartenstadt und Stadtlandschaft zum Ausdruck kommt. Der Eindruck der Harmonie, den die Bilder organischer Stadtlandschaften erwecken sollten, war deshalb so wichtig, weil dem „neuen Menschen", diesem von traditionellen Bindungen losgelösten sportiven Ingenieur, eine ungeheure Selbstdisziplin abgefordert wurde, die Geist und Körper betraf.

Wie in der modernen Architektur die Funktion der Form und damit die „natürliche" Bewegungsfreiheit des Menschen den ästhetischen Diktaten traditioneller Baukunst übergeordnet wurde, so zog die moderne Planung das Erlebnis des offenen Landschaftsraumes der urbanen Enge der alten Stadt vor. In einigen Skizzen Le Corbusiers erweckt der Wildwuchs der Bäume und Sträucher den Eindruck naturbelassener Umwelt. Mit dem Naturschönen sollte das Kunstschöne, die Stadt, versöhnt werden, gleichgültig, ob sich die Architektur im artifiziellen Kontrast zur Natur definierte oder der Landschaft organisch eingepaßt wurde.

Je mehr Triebbeherrschung die Erziehungsprogramme der Moderne den Individuen abverlangten, desto ungehemmter strömte der Pflanzenwuchs in die neu geplanten Siedlungen, ganz nach dem Vorbild der in einem Meer von Bäumen versinkenden *Cité industrielle*, der sozialistischen Stadtutopie Tony Garniers. Offenbar handelte es sich bei der Emanzipation der äußeren Natur, die die europäische Moderne im Schilde führte, um eine Kompensation der Zwänge, die der moderne Arbeitstakt den Menschen abverlangte. Zur Belohnung wurde ihnen auf dem Dach der *Unité d'habitation* ein großartiges Landschaftspanorama zuteil.

6

Im Gegensatz zum europäischen „Urbanismus der guten Absichten" und schlimmen Folgen schildert Koolhaas die Entstehung Manhattans als Resultat unbewußten Handelns. Seine These lautet: Gerade weil sie nicht wußten, was sie taten, haben die Planer New Yorks eine gültige Alternative zum utopisch inspirierten Städtebau Europas entwickeln können, die an den Menschen nicht länger vorbeidachte. Sie verstanden sich nicht als verhinderte Philosophenkönige, sondern waren die phantasievollen Konstrukteure einer Traumwelt, an der sie mit großem Erfolg bastelten, solange ihnen ihr eigenes Vorgehen verborgen blieb.

Und auch die Architekten Manhattans stellten die Natur in den Mittelpunkt ihres Wirkens, indes mit umgekehrten Vorzeichen. Ihnen war es nicht um die Emanzipation der äußeren Natur zu tun, sie bezweckten ganz im Gegenteil die völlige Vernichtung der Landschaft durch eine bis dahin unbekannte urbane Dichte, die Koolhaas die „Kultur des Staus" nennt. Zur Kompensation der Zwänge, die das in der „gestauten" Metropole eingepferchte Leben mit sich bringt, wurden kommerzielle Konzepte einer dosierten Triebenthemmung entwickelt. Dieser Emanzipation der inneren Natur und ebenso den neobarocken Apparaturen, mit denen Amerikas Unterhaltungsprogramm in Antithese zur lustfeindlichen Pädagogik Europas ausstaffiert wurde, widmet Koolhaas sein Kapitel über Coney Island. Dort seien die Strategien, die später Manhattan formen sollten, wie in einem Labor getestet worden, bevor sie auf die größere Halbinsel übergriffen. Coney Island war der Vergnügungspark Manhattans und um die Jahrhundertwende der am dichtesten bevölkerte Ort der Welt. Um die Erholung und Zerstreuung, die Coney Island den entnervten Massen Manhattans versprach, sicherzustellen, mußte es sich „in das totale Gegenteil von Natur verkehren" (Koolhaas 1999,34) und die Künstlichkeit der Metropole durch eine artifizielle Natur ergänzen, die nicht das Gegenteil von Urbanität bedeutete, sondern dessen Intensivierung und Vollendung.

Und Koolhaas bringt Beispiele: Gebaut wurde ein Elefant, so groß wie eine Kirche, der als Hotel genutzt wurde. Seine Beine hatten einen Umfang von zwanzig Metern. Darin warteten auf die Gäste ein Zigarrenladen, ein Diorama und die Treppen zu den Zimmern. Irgendwo stand in Gestalt einer monströsen Kuh eine Maschine, die gekühlte Drinks spendierte. Auf einer mechanischen Rennbahn konnte man vierundzwanzig Stunden am Tag auf Pferdeattrappen um die Wette galoppieren, wie denn überhaupt die Einführung der Elektrizität dazu genutzt wurde, die Nacht zum Tage und damit

auch das Baden am überfüllten Strand rund um die Uhr möglich zu machen. So griff die Vernichtung des natürlichen Tag-Nacht-Zyklus in der Schichtarbeit mit Hilfe des Flutlichts auch auf den Freizeitsektor über. Die wichtigsten Erfindungen dieser Scheinwelt aber galten der sexualisierten Zerstreuung. Hierzu dienten beispielsweise die „Barrels of Love": „Zwei horizontale, hintereinander montierte Zylinder drehen sich langsam in entgegengesetzer Richtung. An beiden Enden führte eine kurze Treppe zu einem Eingang. Der eine fütterte die Maschine mit Männern, der andere mit Frauen. Es ist unmöglich, sich auf den Beinen zu halten. Männer und Frauen purzelten übereinander. Das unerbittliche Rotieren der Maschine produziert eine künstliche Intimität zwischen Menschen, die sich sonst nie begegnet wären." (Koolhaas 1999,37)
Coney Islands Ruf wurde immer anrüchiger, und seine Popularität wuchs. Abgebrochene Architekturstudenten, die sich die längste Zeit über ihre Beaux-Arts-Ausbildung geärgert hatten, erfanden stets neue Maschinen und Anlagen wie beispielsweise den „Luna Park", eine Mondlandschaft, die von den Besuchern nur im Astronautenkostüm betreten werden durfte. Das lunare Paradies war mit terrestrischer Architektur bestückt. Entworfen hatte sie Frederic Thompson, der sich von der italienischen Renaissance und islamischen Baukultur inspirieren ließ und dem Park zu einer Skyline von über 1200 Türmen, Minaretten und Kuppeln verhalf, als habe man Manhattan zunächst als Kulissenstadt testen wollen.
Ein noch erfolgreicheres Themen-Park-Konzept verkörperte „Dreamland". Dort konnte das Publikum u. a. mit Lilliput, Pompeii, Venedig, Japan und der Schweiz Bekanntschaft schließen. Für den Besuch der künstlichen Alpenregionen wurde mit den Worten geworben: „Wer in Manhattans sengender Sommersonne vor Hitze vergeht, lenkt seine Schritte über Dreamlands ... Schwelle und findet Entspannung bei einem Besuch der kühlenden, eisgekrönten Berge der ‚Schweiz'." (Koolhaas 1999,52) Tatsächlich sorgte ein riesiger Kühlapparat auf den Gipfeln für kalte Luft und machte das permanent dargebotene Schauspiel abstürzender Bergsteiger zum Genuß der Besucherscharen, die auch an diesem Ort keine Muße, sondern Nervenkitzel suchten.
Indem sie die Natur Coney Islands völlig zerstörten, schufen die Pioniere der amerikanischen Vergnügungsindustrie Erlebnisse, die trotz ihres enormen technischen Aufwands nicht als Gegensatz, sondern Übersteigerung der Natur erfahren wurden. Die Seen, Berge und Täler Dreamlands waren Rekonstruktionen kollektiver Seelenlandschaften. Sie hatten nichts gemein mit dem Erlebnis, das die europäische Moderne dem „neuen Men-

Coney Island:
Plan von
Dreamland

schen" in durchgrünten Siedlungen gönnte. Künstliche Städte und Landschaften dienten dem New Yorker Proletariat als Fluchträume, in denen es seinen Erlebnishunger zu stillen suchte, während sich in unseren Breiten der Arbeiter im Schrebergarten mit frischem Gemüse versorgte.

7

Koolhaas veranschaulicht die Gründe, die ihn zum Propagandisten einer Planung machen, die, statt die Massen zu erziehen, lieber Profit aus ihrem „unbewußten Urbanismus" ziehen möchte, indem er seine Kritiker der Lächerlichkeit preisgibt. Zu diesem Zweck statuiert er ein Exempel an Maxim Gorki. Dieser hatte 1906, zwei Jahre nach der Eröffnung des Luna Parks, die USA besucht und dabei auch Coney Island kennengelernt. In einer Reportage gab er seinem Abscheu Ausdruck: „Alles schaukelt, quietscht und dröhnt, macht die Menschen schwindlig, löst zufriedene Langeweile in ihnen aus, ermüdet ihre Nerven durch das Chaos der Bewegung und den Lichterglanz. Die fahlen Augen werden noch fahler, als erblasse das Gehirn, weil ihm das sonderbare Getriebe weißen, blinkenden Holzes das Blut entzieht. Es ist, als ob sich die Langeweile, vor Abscheu gegen sich selbst verendend, in bedächtiger Agonie im Kreise dreht und in ihren trübseligen Tanz Zehntausende gleichartig schwarzer Menschengestalten hineinzieht, sie wie der Wind den Straßenkehricht zu willenlosen Haufen zusammenfegt und wieder auseinanderwirft und abermals zusammenfegt..."
(Koolhaas 1999,61)

Für Koolhaas bestätigt dieser Text das Dilemma des modernen Intellektuellen, den immer dann, wenn er mit den Massen, die er in Gedanken bewundert, leibhaftig konfrontiert wird, „akute Abneigung überkommt". Eine Abneigung freilich, die er sich nicht eingestehen will, weswegen der Kapitalismus beschuldigt wird, die alleinige Ursache des pervertierten Massengeschmacks zu sein. Zwar bleibt uns Koolhaas die Erklärung schuldig, daß die Vergnügungssucht, die im Luna Park Befriedigung suchte, anders begründet sein könnte als in den entfremdeten Lebensverhältnissen, die der Kapitalismus produziert. Aber er vermutet ganz richtig, daß Gorkis Ekel vor den willenlosen Großstadtmassen nicht gerade wissenschaftlich begründet war.

Nach seinem Coney-Island-Erlebnis beschlich den Russen die Vision eines großen reinigenden Feuers, das diesen Schandfleck der Sittenverderbnis von der Landkarte der Zivilisation streichen sollte. Da war er wieder,

der kleine bösartige Anton Reiser, dem selbst keine Lebensfreude gegönnt ist und der darum alle bestrafen will, die sich ein wenig Ablenkung verschaffen wollen. Und weil diejenigen, die den Menschen der Sünde verfallen wissen, bekanntlich über einen direkten Draht zu Gott verfügen, zu einem Gott, der über Feuersbrünste und Sintfluten gebietet, brannte 1911 zunächst Dreamland ab und drei Jahre später auch der Luna Park.
Das war der Anfang vom Ende. Doch kam es zur „Ausmerzung von Coneys ursprünglichem Urbanismus" erst 1938, als in New York die europäische Planungsmoderne Fuß gefaßt hatte und das kohlrabenschwarze Eiland in einen Park verwandeln wollte. Die europäische Utopie, die jahrhundertelang über einen Neubeginn der Geschichte in der „Neuen Welt" spekuliert hatte, sie nahm sich nun in Gestalt des New Yorker Park Departments der gottlosen Halbinsel an, scheuchte die vergnügungssüchtigen Massen zurück in ihr urbanes Gefängnis und begann mit der Renaturisierung städtischen Umlands.
Derweil erneuerten die Architekten Manhattans ihren Pakt mit dem „Stauteufel" und konservierten ein Stück Coney Island im Wolkenkratzer. Massenhafter Amüsierbetrieb wurde zu einer seiner prägenden Funktionen. Wie sonst hätte die Suche nach einem neuen Standort für die Metropolitan Opera in so etwas Profanem wie der Music Hall des Rockefeller Centers enden können? Von Anfang an war das amerikanische Hochhaus ein funktionales Zwitterwesen. Schon seine Konzeption ist doppeldeutig: Durch sie erhielt der antiurbane Impuls der europäischen Moderne unerwartet Schützenhilfe.
Als multifunktionaler Event bietet der Wolkenkratzer das Konzept einer „Stadt in der Stadt" und sprengt so das Kontinuum des Urbanen auf. Mit der Möglichkeit, Wohnen, Arbeiten, Sport, Kultur und Natur auf unterschiedlichsten Geschossen zu verteilen, bestätigt das amerikanische Hochhaus die isolierende Funktion des Manhattan-Rasters. Dessen Struktur fragmentiert die Stadt in gleich große Inseln, auf denen die Gebäude wie Bergmassive thronen.
War die europäische Planungsmoderne antiurban, weil sie die Mischung städtischer Funktionen fürchtete, ist es der amerikanische Wolkenkratzer, gerade weil er die Einheit dieser Funktionen in seinem Inneren behauptet und dadurch die Stadt negiert. Gleichwohl stellt ihn Koolhaas in die Tradition des Urbanismus Coney Islands, da sich dessen naturzerstörender Charakter mit keinem anderen Gebäudetyp konsequenter durchsetzen ließ. Der Wolkenkratzer vernichtet nicht nur Natur, er spottet ihrer noch, in-

Dreamland nach dem Brand

dem er die Fläche, die er unter sich begräbt, in unzähligen Geschossen als reproduzierbare denunziert.

Die Entfesslung des Kapitalismus, das ist's, was Koolhaas am Beispiel New York feiert. Kommerzialisiert wurde dort die äußere und die innere Natur, indes mit unterschiedlichen Folgen. Während die wirtschaftliche Verwertung Manhattans die Halbinsel mit dem Fluch spekulativer Bodenverknappung belegte und ihrer völligen Überbauung preisgab, führte die Kommerzialisierung der inneren Natur zu einer gewaltigen Aufwertung des Massengeschmacks. Sie geschah im Namen derer, die sich seit jeher vom bürgerlichen Gleichheitspostulat verraten und von der sogenannten Hochkultur ausgeschlossen fühlen. Ihr Racheschlachtruf lautet: Es lebe der Kitsch – und er fand sein architektonisches Echo in Robert Venturis *Learning from Las Vegas*, der antiautoritären Losung „postmoderner Pädagogik".

Als sich in der Music Hall des Rockefeller Centers bereits die heutige Spaßgesellschaft abzuzeichnen begann und mehrmals am Tag über 6000 Zuschauer dem kollektiven „Beine hoch" des hauseigenen Balletts applaudierten, fand in Europa das soziale Experiment der roten Kommunen sein bitteres Ende. Die Weimarer Republik hatte nicht die Entfesslung des Kapitalismus, sondern dessen Kontrolle im Sinn, entsprechend versuchte der moderne Städtebau den Verführungskünsten Schlaraffias zu widerstehen, um den Ideen Utopias um so bereitwilliger Folge zu leisten.

8

Ich habe versucht, die These anschaulich zu machen, daß die Emanzipation der äußeren Natur in der europäischen Moderne die den Subjekten abgeforderte Beherrschung ihrer inneren Natur kompensieren sollte und daß umgekehrt in New York den Großstadtmassen die völlige Überbauung Manhattans mit dem Angebot dosierter Triebenthemmung schmackhaft gemacht wurde. Einer Enthemmung freilich, deren technisch fabrizierte Reize als hochentwickelte Produkte künstlicher Natur rezipiert wurden. Auffallend ist: In beiden Fällen ging es letztlich um die Domestizierung der (proletarisierten) Großstadtmassen. Es handelte sich darum, Menschen, die keine autonomen Wirtschaftssubjekte sind, mit dem modernen Kapitalismus auszusöhnen.

In der europäischen Moderne bildete sich diese Versöhnungsabsicht im Versprechen sozialer Gerechtigkeit ab. Ohne es wäre die Romantisierung der Landschaft in den Planungen neuer Städte kaum zu verstehen. Die Natur gewährt dort nicht nur die Garantie gesunder Lebensbedingungen, sie ist zugleich Synonym fürs nichtentfremdete Leben. Ihre Dominanz gegenüber der Architektur spiegelt den Wunsch nach einer qualitativen Zunahme sozialer Gleichheit wider. Stadtzerstörung und Aufbau einer gerechteren Gesellschaft gehen Hand in Hand, sind Produkte eines utopischen Denkens, das von technischen Revolutionen träumt und die urbane Zivilisation fürchtet.

Darstellungen der modernen Stadt, in denen ähnlich wie in den Gemälden Schinkels einsame Architekturen den Zauber der Landschaft noch erhöhen sollen, konfrontieren uns den Metaphern einer in Besinnung auf die „edelsten Kräfte" des Menschen sozial befriedeten Welt. Die in den Plänen prophezeite Harmonie von Kultur und Natur schildert die Gesellschaft als eine zur Ruhe gekommene, in der Wettbewerb und Naturbeherrschung sich in solidarisches Handeln aufgelöst haben. Weil aber in der Realität der Anspruch auf soziale Gerechtigkeit allenfalls für die Reproduktionssphäre durchsetzbar war und sämtliche Anstrengungen des Staates darauf beschränkt bleiben mußten, Menschen mit Wohnungen und fortschrittlichen Infrastrukturen zu versorgen, verkam Natur zur Kulisse.

Wie wir erfahren haben, bediente sich die Domestizierung der Großstadtmassen in New York des menschenfreundlicheren Mittels der Zerstreuung. Statt sozialer Gerechtigkeit wurde den Individuen eine preiswerte Massenkultur feilgeboten. Inzwischen schweißt der kleinste gemeinsame Nenner, der Wunsch, sich zu amüsieren, die Menschen zu einem weltweiten Publikum zusammen, das in kollektiver Begeisterung seiner alltäglichen Langweile und Fron zu entrinnen sucht. Die soziale Kritik, die in den Utopien artikuliert wird, ist längst im Konsum erstickt worden.

Daß sich die Bedürfnisse der Massen nur nach dem Diktat der Konsumgesellschaft und der Agenten moderner Pop-Kulturen entfalten können, zeigt uns, daß die Befreiung der inneren Natur in den USA ebenso wie die Emanzipation der äußeren Natur in Europa *nur zum Schein geschah*. Real ist dagegen bis heute die Vernichtung von Landschaft und die strenge Affektmodulation der Menschen im Dienst der spätkapitalistischen Produktionsverhältnisse. Den harten „facts" der Moderne stehen weiterhin die uneingelösten Versprechen der Utopien gegenüber. Doch müssen diese erst einmal in schonungsloser Selbstkritik von aller Besserwisserei und von den Bevormundungsstrategien, mit denen sich die Utopisten regelmäßig ins Unrecht setzten, befreit werden, damit die moderne Architektur ihre visionäre Kraft wiedergewinnt.

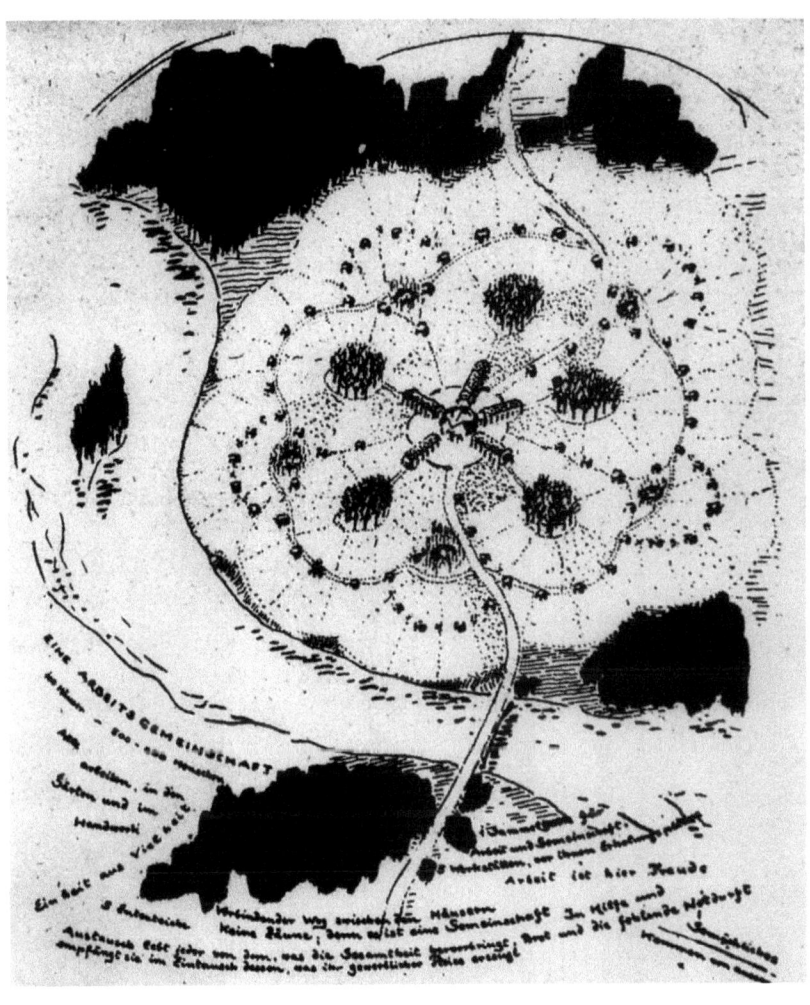

Bruno Taut, Die Auflösung der Städte, „Handwerkergemeinschaft" (1920)

Rem Koolhaas, „Ankunft des schwimmenden Pools" (1977)

Literatur

Arendt, Hannah, Was ist Existenzphilosophie?, Frankfurt am Main 1990
Behne, Adolf, Der moderne Zweckbau, Berlin/Frankfurt/Wien 1964
Benjamin, Walter, Der destruktive Charakter, in: ders., Illuminationen. Ausgewählte Schriften, Frankfurt am Main 1961, S. 310-312
Benjamin, Walter, Erfahrung und Armut, in: ders., Illuminationen. Ausgewählte Schriften, Frankfurt am Main 1961, S. 313-318
Benjamin, Walter, Ursprung des deutschen Trauerspiels, Frankfurt am Main 1972
Blundell, Peter Jones, Hans Scharoun. Eine Monographie, Stuttgart 1980
Blundell, Peter Jones, Hugo Häring. The Organic versus the Geometric, Stuttgart/London 1999
Buchner, Hartmut (Hg.), Japan und Heidegger, Sigmaringen 1989
Bürkle, J. Christoph, Hans Scharoun, Zürich 1993
Ciorra, Pippo, Peter Eisenman. Bauten und Projekte, Stuttgart 1995
Conrads, Ulrich (Hg.), Die Bauhaus-Debatte 1953: Dokumente einer verdrängten Kontroverse, Braunschweig/Wiesbaden 1994
de Bruyn, Gerd, Die Diktatur der Philanthropen. Entwicklung der Stadtplanung aus dem utopischen Denken, Braunschweig/Wiesbaden 1996
Deleuze, Gilles, Die Falte. Leibniz und der Barock, Frankfurt am Main 1995
Derrida, Jacques, Gewalt und Metaphysik. Essay über das Denken Emmanuel Lévinas', in: ders., Die Schrift und die Differenz, Frankfurt am Main 1972, S. 121-235
Derrida, Jacques, Pourquoi Peter Eisenman écrit de si bons livres, in: ders., Psyché. Inventions de l'autre, Paris 1987, S. 495-508
Derrida, Jacques, Vom Geist. Heidegger und die Frage, Frankfurt am Main 1988
Derrida, Jacques, Geschlecht (Heidegger), Sexuelle Differenz, ontologische Differenz, Heideggers Hand (Geschlecht II), Wien 1988
Derrida, Jacques, Ein Brief an Peter Eisenman, in: Peter Eisenman, Aura und Exzeß. Zur Überwindung der Metaphysik der Architektur, Wien 1995, S. 165-175
Durth, Werner, Deutsche Architekten. Biographische Verflechtungen 1900-1970, Braunschweig 1986
Eisenman, Peter, Unfolding Events: Frankfurt Rebstock and the Possibility of a New Urbanism, in: Unfolding Frankfurt. Eisenman Architects, Berlin 1991, S. 8-17
Eisenman, Peter, Aura und Exzeß. Zur Überwindung der Metaphysik der Architektur, hg. von Ullrich Schwarz, Wien 1995
El Lissitzky, 1929. Rußland. Architektur für eine Weltrevolution, Braunschweig 1989
Englert, Klaus, Jacques Derrida: Chora, in: Spuren, Nr. 40, September 1992, S. 62/63
Forssman, Erik, Karl Friedrich Schinkel. Bauwerke und Baugedanken, München 1981
Geist, Johann, Klaus Küvers u. Dieter Rausch, Hans Scharoun. Chronik zu Leben und Werk, Akademie der Künste, Berlin 1993

Giedion, Sigfried, Raum Zeit Architektur. Die Entstehung einer neuen Tradition, Zürich/München 1976
Gutschow, Niels u. Barbara Klain, Vernichtung und Utopie. Stadtplanung Warschau 1939-1945, Hamburg 1994
Häring, Hugo, vom neuen bauen. über das geheimnis der gestalt, in: Akademie der Künste: Anmerkungen zur Zeit 3, Berlin 1957
Häring, Hugo, die ausbildung des geistes zur arbeit an der gestalt. fragmente, Schriftenreihe der Akademie der Künste Band 1, Berlin 1968
Häring, Hugo, Schriften, Entwürfe, Bauten, Dokumente der modernen Architektur, Band 4, hg. v. Jürgen Joedicke, Stuttgart 1965
Hartig, Willfred, Die Lehre des Buddha und Heidegger, Konstanz 1997
Heidegger, Martin, Der Ursprung des Kunstwerks, Stuttgart 1960
Heidegger, Martin, Denkerfahrungen 1910-1976, Frankfurt am Main 1983
Heidegger, Martin, Die Selbstbehauptung der deutschen Universität. Das Rektorat 1933/1934, Frankfurt am Main 1990
Heidegger, Martin, Über den Humanismus, Frankfurt am Main 1991
Heidegger, Martin, Was heißt Denken?, Stuttgart 1992
Heidegger, Martin, Holzwege, Frankfurt am Main 1994
Heidegger, Martin, Die Technik und die Kehre, Stuttgart 1996
Heidegger, Martin, Einführung in die Metaphysik, Tübingen 1998
Hemken, Kai-Uwe, El Lissitzky. Revolution und Avantgarde, Köln 1990
Herrmann, Wolfgang, Deutsche Baukunst des 19. und 20. Jahrhunderts, Basel/Stuttgart 1977
Herrmann, Wolfgang, Gottfried Semper im Exil. Paris London 1849-1855: Zur Entstehung des „Stil" 1840-1877, Basel/Stuttgart 1978
Hilpert, Thilo (Hg.), Le Corbusiers „Charta von Athen". Texte und Dokumente, Braunschweig 1988
Hirsch, Eike Christian, Der berühmte Herr Leibniz. Eine Biographie, München 2000
Hölderlin, Friedrich, Sämtliche Werke. „Frankfurter Ausgabe". Elegien und Epigramme, hg. v. D. E. Sattler, Frankfurt am Main 1976
Holz, Hans Heinz, Gottfried Wilhelm Leibniz, Frankfurt/New York 1992
Homer, Illias. Odyssee, in der Übertragung von Johann Heinrich Voß, München 1971
Huch, Ricarda, Michael Bakunin und die Anarchie, Frankfurt/Berlin/Wien 1980
Isozaki, Arata, Katsura. Vorbild einer postmodernen Architektur, in: Katsura. Der Kaiserpalast in Kyoto, Stuttgart/Zürich 1987
Junghanns, Kurt, Bruno Taut 1880-1938, Berlin 1983
Kähler, Gert (Hg.), Dekonstruktion? Dekonstruktivismus? Aufbruch ins Chaos oder neues Bild der Welt?, Braunschweig/Wiesbaden 1990
Kähler, Gert (Hg.), Schräge Architektur und aufrechter Gang. Dekonstruktion: Bauen in einer Welt ohne Sinn?, Braunschweig/Wiesbaden 1993
Kirch, Karin, Die neue Wohnung und das alte Japan. Architekten planen für sich selbst, Stuttgart 1996
Kleist, Heinrich von, Sämtliche Werke und Briefe. Zweiter Band, hg. v. H. Sembdner, München 1970
Koolhaas, Rem, Delirious New York. Ein retroaktives Manifest für Manhattan, Aachen 1999
Kracauer, Siegfried, Das Ornament der Masse. Essays, Frankfurt am Main 1977
Kramer, Bernd, „Laßt uns die Schwerter ziehen, damit die Kette bricht..." Michael Bakunin, Richard Wagner und andere während der Dresdner Mai-Revolution 1849, Berlin 1999

Kremer, Sabine, Hugo Häring (1882-1958) – Wohnungsbau, Theorie und Praxis, Stuttgart 1984

Kürvers, Klaus, Hans Scharoun und der Entwurfsprozeß zum Haus Schmincke, in: Funktionalismus 1927-1961. Hans Scharoun versus die Opbouw, redigiert von Max Risselda, Sulgen 1999, S. 55-83

Laugier, Marc-Antoine, Das Manifest des Klassizismus, Zürich/München 1989

Leibniz, Gottfried Wilhelm, Metaphysische Abhandlung, Hamburg 1985

Leibniz, Gottfried Wilhelm, Neue Abhandlungen über den menschlichen Verstand, Stuttgart 1993

Leibniz, Gottfried Wilhelm, Monadologie, Stuttgart 1998

Masuda, Tomoya u. Stierlin, Henri (Hg.), Architektur der Welt – Japan, Lausanne 1969

McDonough, Thomas F., Die Architektur der Agoraphobie, in: Der Architekt, Heft 7, Juli 1999, S. 29-33

Mensch und Raum. Das Darmstädter Gespräch 1951, Braunschweig 1991

Mitscherlich, Alexander, Die Unwirtlichkeit unserer Städte. Anstiftung zum Unfrieden, Frankfurt am Main 1965

Möller, Werner, Mart Stam 1899-1986. Architekt – Visionär – Gestalter. Sein Weg zum Erfolg 1919-1930, Tübingen/Berlin 1997

Moritz, Karl Philipp, Anton Reiser. Ein psychologischer Roman, Stuttgart 1972

Nerdinger, Winfried, „Anstößiges Rot". Hannes Meyer und der linke Baufunktionalismus – ein verdrängtes Kapitel Architekturgeschichte, in: Hannes Meyer 1889-1954. Architekt Urbanist Lehrer, hg. v. Bauhaus-Archiv u. v. Deutschen Architekturmuseum, Berlin 1989, S. 12-29

Neske, Günther (Hg.), Erinnerungen an Martin Heidegger, Pfullingen 1977

Neske, Günher (Hg.), Antwort. Martin Heidegger im Gespräch, Pfullingen 1988

Norberg-Schulz, Christian (1979), Heidegger's thinking on architecture, in: Kate Besbitt (Hg.): Theorizing a New Agenda for Architecture. An Anthology of Architectural Theory 1965-1995, New York 1966, S. 430-439

Pahl, Jürgen, Architekturtheorie des 20. Jahrhunderts. Zeit-Räume, München/London/New York 1999

Papadakis, Andreas, Dekonstruktivismus. Eine Anthologie, Stuttgart 1989

Pfammatter, Ulrich, Moderne und Macht. „Razionalismo": Italienische Architekten 1927-1942, Braunschweig/Wiesbaden 1990

Pfannkuch, Peter (Hg.), Hans Scharoun. Bauten, Entwürfe, Texte, Schriftenreihe der Akademie der Künste Band 10, Berlin 1974 (erweiterte Neuausgabe 1993)

Philipp, Klaus Jan, Vom Dilettantismus zur Zensur. Zur Geschichte der Architekturkritik, Stuttgart 1996

Platon, Sämtliche Werke Bd. 5, hg. v. Walter F. Otto u. a., Hamburg 1959

Rümmerle, Simone, Mart Stam, Zürich/München 1991

Safranski, Rüdiger, Ein Meister aus Deutschland. Heidegger und seine Zeit, Frankfurt am Main 1997

Scharoun, Hans, Unveröffentlichte Manuskripte der an der TU Berlin gehaltenen Vorlesungen (23.6.1952 und 30.6.1952), Scharoun-Archiv, Akademie der Künste Berlin

Scharoun, Hans, Unveröffentlichter Briefwechsel mit Martin Heidegger (18.10.1957 bis 12.10.1965), Scharoun-Archiv, Akademie der Künste Berlin

Scharoun, Hans, Vom Stadt-Wesen und Architekt-Sein, Berlin 1986

Schmitz, Hermann, Der Leib, der Raum und die Gefühle, Ostfildern vor Stuttgart 1998

Speidel, Manfred (Hg.), Japanische Architektur. Geschichte und Gegenwart, Stuttgart 1983
Suzuki, Daisetz Teitaro, Zen und die Kultur Japans, Hamburg 1958
Tanizaki, Jun'ichiro, Lob des Schattens. Entwurf einer japanischen Ästhetik, Zürich 1990
Taut, Bruno. Das japanische Haus und sein Leben (Houses and People of Japan), Berlin 1998
Valéry, Paul, Eupalinos oder Der Architekt, übertragen von R. M. Rilke, Frankfurt am Main 1995
Vidler, Anthony, Claude-Nicolas Ledoux, Basel/Boston/Berlin 1988
Wagner, Richard, Mein Leben 1813-1868, München 1963
Wigley, Mark, Architektur und Dekonstruktion: Derridas Phantom, Basel/Berlin/Boston 1994
Yoshida, Tetsuro, Das japanische Wohnhaus, Berlin 1938

Bildnachweis

Akademie der Künste, Bd. 3 „Begegnungen", Berlin 1979 ... 101
Bürkle, J. Christoph, Hans Scharoun und die Moderne, Ideen, Projekte, Theaterbau, Frankfurt am Main 1986 ... 99
Bürkle, J. Christoph, Hans Scharoun, Zürich 1993 ... 99
Ciorra, Pippo, Peter Eisenman. Bauten und Projekte, Stuttgart 1995 ... 35, 109, 112, 114, 115, 117, 121, 124, 126, 132
Derrida, Jacques, Psyché. Inventions de l´autre, Paris 1987 ... 124
Geist, Johann, Klaus Küvers u. Dieter Rausch, Hans Scharoun. Chronik zu Leben und Werk, Akademie der Künste, Berlin 1993 ... 90
Georgiadis, Sokratis, Sigfried Giedion. Eine intellektuelle Biographie, Zürich 1989 ... 52
Häring, Hugo, Schriften, Entwürfe, Bauten, hg. v. Jürgen Joedicke, Stuttgart 1965 ... 65, 86
Hannes Meyer 1889-1954. Architekt Urbanist Lehrer, hg. v. Bauhaus-Archiv u. v. Deutschen Architekturmuseum, Berlin 1989 ... 18
Hemken, Kai-Uwe, El Lissitzky. Revolution und Avantgarde, Köln 1990 ... 28, 29
Hirsch, Eike Christian, Der berühmte Herr Leibniz. Eine Biographie, München 2000 ... 145
Junghanns, Kurt, Bruno Taut 1880-1938, Berlin 1983 ... 73, 84, 159
Kirch, Karin, Die neue Wohnung und das alte Japan, Stuttgart 1996 ... 81
Kleist, Heinrich von, Sämtliche Werke und Briefe. Zweiter Band, München 1970 ... 36
Koolhaas, Rem, Delirious New York. Ein retroaktives Manifest für Manhattan, Aachen 1999 ... 153, 156, 160
Kramer, Bernd, „Laßt uns die Schwerter ziehen, damit die Kette bricht...", Berlin 1999 ... 24, 25
Kremer, Sabine, Hugo Häring (1882-1958) – Wohnungsbau, Theorie und Praxis, Stuttgart 1984 ... 63
Lampugnani, V. M. (Hg.), Antonio Sant´Elia. Gezeichnete Architektur, München 1992 ... 54
Pfammatter, Ulrich, Moderne und Macht. „Razionalismo": Italienische Architekten 1927-1942, Braunschweig/Wiesbaden 1990 ... 109
Pfannkuch, Peter (Hg.), Hans Scharoun. Bauten, Entwürfe, Texte, Schriftenreihe der Akademie der Künste Band 10, Berlin 1993 ... 89, 96
Philipp, Klaus Jan, Vom Dilettantismus zur Zensur, Stuttgart 1996 ... 21
Rümmerle, Simone, Mart Stam, Zürich/München 1991 ... 32, 33
Semino, Gian Paolo, Karl Friedrich Schinkel, Zürich 1993 ... 46
Suzuki, Daisetz Teitaro, Zen und die Kultur Japans, Hamburg 1958 ... 69
Taut, Bruno, Das japanische Haus und sein Leben, Berlin 1998 ... 73, 82
Vidler, Anthony, Claude-Nicolas Ledoux, Basel/Boston/Berlin 1988 ... 20

Bauwelt Fundamente
(lieferbare Titel)

1 Ulrich Conrads (Hg.), Programme und Manifeste zur Architektur des 20. Jahrhunderts
2 Le Corbusier, 1922 – Ausblick auf eine Architektur
3 Werner Hegemann,1930 – Das steinerne Berlin
4 Jane Jacobs, Tod und Leben großer amerikanischer Städte
12 Le Corbusier, 1929 – Feststellungen
14 El Lissitzky, 1929 – Rußland: Architektur für eine Weltrevolution
16 Kevin Lynch, Das Bild der Stadt
50 Robert Venturi, Komplexität und Widerspruch in der Architektur
51 Rudolf Schwarz, Wegweisung der Technik und andere Schriften zum Neuen Bauen 1926–1961
53 Robert Venturi, Denise Scott Brown und Steven Izenour, Lernen von Las Vegas
56 Thilo Hilpert (Hg.), Le Corbusiers „Charta von Athen". Texte und Dokumente. Kritische Neuausgabe
58 Heinz Quitzsch, Gottfried Semper – Praktische Ästhetik und politischer Kampf
71 Lars Lerup, Das Unfertige bauen
73 Elisabeth Blum, Le Corbusiers Wege
79 Christoph Hackelsberger, Beton: Stein der Weisen?
83 Christoph Feldtkeller, Der architektonische Raum: Eine Fiktion
85 Ulrich Pfammatter, Moderne und Macht
86 Christian Kühn, Das Schöne, das Wahre und das Richtige. Adolf Loos und das Haus Müller in Prag
89 Reyner Banham, Die Revolution der Architektur
90 Gert Kähler (Hg.), Dekonstruktion? Dekonstruktivismus?
91 Christoph Hackelsberger, Hundert Jahre deutsche Wohnmisere – und kein Ende?
92 Adolf Max Vogt, Russische und französische Revolutionsarchitektur 1917 · 1789
97 Gert Kähler (Hg.), Schräge Architektur und aufrechter Gang
100 Magdalena Droste, Winfried Nerdinger, Hilde Strohl, Ulrich Conrads (Hg.), Die Bauhaus-Debatte 1953
101 Ulf Jonak, Kopfbauten. Ansichten und Abrisse gegenwärtiger Architektur

102 Gerhard Fehl, Kleinstadt, Steildach, Volksgemeinschaft
103 Franziska Bollerey (Hg.), Cornelis van Eesteren. Urbanismus zwischen „de Stijl" und C.I.A.M.
104 Gert Kähler (Hg.), Einfach schwierig
105 Sima Ingberman, ABC. Internationale Konstruktivistische Architektur 1922-1939
106 Martin Pawley, Theorie und Gestaltung im Zweiten Maschinenzeitalter
107 Gerhard Boeddinghaus (Hg.), Gesellschaft durch Dichte
108 Dieter Hoffmann-Axthelm, Die Rettung der Architektur vor sich selbst
109 Françoise Choay, Das architektonische Erbe: eine Allegorie
110 Gerd de Bruyn, Die Diktatur der Philanthropen
111 Alison und Peter Smithson, Italienische Gedanken
112 Gerda Breuer (Hg.), Ästhetik der schönen Genügsamkeit oder Arts & Crafts als Lebensform
113 Rolf Sachsse, Bild und Bau
114 Rudolf Stegers, Räume der Wandlung. Wände und Wege
115 Niels Gutschow, Ordnungswahn (in Vorbereitung)
116 Christian Kühn, Stilverzicht. Typologie und CAAD als Werkzeuge einer autonomen Architektur
117 Gerd Albers, Zur Entwicklung der Stadtplanung in Europa
118 Thomas Sieverts, Zwischenstadt
119 Beate und Hartmut Dieterich, Boden – Wem nutzt er? Wen stützt er?
120 Peter Bienz, Le Corbusier und die Musik
121 Hans-Eckhard Lindemann, Stadt im Quadrat. Geschichte und Gegenwart einer einprägsamen Stadtgestalt
122 Peter Smithson, Italienische Gedanken – weitergedacht (in Vorbereitung)
123 André Corboz, Die Kunst, Stadt und Land zum Sprechen zu bringen
124 Gerd de Bruyn, Fisch und Frosch – oder die Selbstkritik der Moderne

Gerd de Bruyn

**Die Diktatur
der Philanthropen**

**Entwicklung der
Stadtplanung aus dem
utopischen Denken**

Der Ursprung moderner Planung ist das utopische Denken. Indem es den Menschen Gerechtigkeit und Glück verheißt, rechnet es mit deren solidarischem Handeln. Doch das stellt sich nur in Ausnahmefällen ein. Die Stadtplanung muß also selbst als Segensbringer agieren und kommt damit zu jenen illegalen Formen von Herrschaft, die sie im Grunde vernichten will.

320 Seiten, 53 Abb., Broschur
(BF 110) ISBN 3-7643-6385-1
Städtebau/Gesellschaftspolitik/Urbanismus

Rudolf Stegers

**Räume der Wandlung.
Wände und Wege**

**Studien zum Werk
von Rudolf Schwarz**

Mit Sankt Fronleichnam in Aachen und Sankt Anna in Düren hat Rudolf Schwarz die Baukunst im Abstand eines Vierteljahrhunderts um zwei sakrale Utopien bereichert. Er sah sein Bauen »jenseits von Tradition und Moderne«. Und seine Kirchen galten ihm als »Bilder Gottes«. Insofern war er ebenso Eidetiker wie Visionär. Doch auch ein deutscher Architekt des 20. Jahrhunderts.

208 Seiten, 54 Abb., Broschur
(BF 114) ISBN 3-7643-6389-4
Architekturtheorie/Zeitgeschichte

Bei Fragen zur Produktsicherheit wenden Sie sich bitte an:
If you have any questions regarding product safety,
please contact:

Birkhäuser Verlag GmbH
Im Westfeld 8
4055 Basel, Schweiz
productsafety@degruyterbrill.com